高等职业教育机电类专业系列教材

机 械 工 程 材 料

主　编　张小亮

副主编　许辰雨　董　俊

参　编　高　慧　张　哲

主　审　黄宇婷

机 械 工 业 出 版 社

本书为高等职业院校机电一体化双高专业群建设项目成果教材，以机械零部件材料选用为主线，介绍各种常用材料（重点是钢铁材料）和常用热处理工艺，并对机械零部件的常用毛坯成形方法（铸造、锻造、焊接）进行了简要介绍，可供高等职业院校机械类和近机类专业学生使用。

全书共分 8 个单元，内容包括：工程材料的性能、金属晶体结构基础知识、钢的热处理、钢铁材料、有色金属材料、非金属材料及新型材料、机械零件材料的选择和零件毛坯成形概述。每个单元分模块讲述相关内容，并在单元末尾设置视野拓展、单元小结和自我评测等环节。

本书配套电子课件，凡选用本书作为教材的教师可登录机械工业出版社教育服务网（http://www.cmpedu.com），注册后免费下载。咨询电话：010-88379375。

图书在版编目（CIP）数据

机械工程材料 / 张小亮主编. -- 北京：机械工业出版社，2025. 6. --（高等职业教育机电类专业系列教材）. -- ISBN 978-7-111-78220-9

Ⅰ. TH14

中国国家版本馆 CIP 数据核字第 2025NM2184 号

机械工业出版社（北京市百万庄大街 22 号　邮政编码 100037）
策划编辑：于奇慧　　　　　　　责任编辑：于奇慧
责任校对：曹若菲　丁梦卓　　　封面设计：严娅萍
责任印制：张　博
固安县铭成印刷有限公司印刷
2025 年 8 月第 1 版第 1 次印刷
184mm×260mm · 10 印张 · 242 千字
标准书号：ISBN 978-7-111-78220-9
定价：36.00 元

电话服务　　　　　　　　　　网络服务
客服电话：010-88361066　　　机　工　官　网：www.cmpbook.com
　　　　　010-88379833　　　机　工　官　博：weibo.com/cmp1952
　　　　　010-68326294　　　金　书　网：www.golden-book.com
封底无防伪标均为盗版　　　机工教育服务网：www.cmpedu.com

前言 PREFACE

本书是高等职业院校机电一体化双高专业群建设项目成果教材，可供高等职业院校机械类和近机械类专业学生使用。

本书紧密联系高等职业教育教学实际，吸收了近年来双高建设教改成果，融入了编者多年的教学经验。书中内容以"材料选用"为主线，力求体现以下特色：

1）体现职业教育的特点，突出综合素质培养，体现"必需、够用"原则，淡化理论、强化应用。

2）由实例引入教学内容，注重理论联系实际，力求直观形象、深入浅出、简明扼要、通俗易懂。

3）全书资料、术语、符号均采用现行国家标准。

4）注重开阔学生视野，注重职业素养提升。通过"视野拓展"，在开拓知识面的同时融入职业素养要求。

5）跟随新技术的发展，对新材料、新工艺进行了介绍。

本书由北京工业职业技术学院张小亮担任主编，许辰雨、董俊担任副主编。张小亮、高慧编写绪论、单元1，张小亮、张哲编写单元2及附录，许辰雨编写单元3、单元4，董俊编写单元5~单元8。本书由黄宇婷担任主审。

由于编者水平有限，不当之处在所难免，敬请读者指正。

编 者

目录 CONTENTS

绪　　论

材料是人类生产和生活的物质基础，也是现代化社会生产发展的重要支柱，材料的发展与进步不断改善人类的生活质量。材料发展进程经历了石器时代、青铜器时代、铁器时代、钢铁时代，目前已进入复合化、智能化新材料时代。历史表明，每一种新材料的发明和应用，都使社会生产和生活发生重大的变化，并推动着人类文明的进步。例如，超高温合金的发明加速了航空航天技术的发展，超纯半导体材料的出现促进了计算机工业的高速发展，高硬度、高强度新材料的应用使机械产品的结构和制造工艺发生了重大变化。目前，材料的研究和生产水平已成为一个国家工业技术水平的重要标志。

用于机械制造的各种材料称为机械工程材料。生产中用来制作机械工程结构、零件和工具的机械工程材料分为金属材料、高分子材料、陶瓷材料和复合材料等。金属材料是最重要的机械工程材料，包括铁和以铁为基的合金（又称黑色金属，如钢、铸铁和铁合金等），以及非铁金属材料（又称有色金属，如铜及铜合金、铝及铝合金等）。钢铁材料在工程上应用最广，占全部结构材料、零件材料和工具材料的70%以上。随着科学技术的发展，非金属材料和复合材料的应用比例将会逐步增加。目前，金属材料、非金属材料和复合材料相互补充、相互结合，已经组成了一个完整的材料体系。

任何机械设备都是由零部件组成的，要获得满足使用要求的合格零部件，必须选择合适的材料。要合理选择材料，就必须了解材料的种类、牌号、性能、特点等。通过热处理工艺可以改善毛坯和零件的工艺性能和使用性能，要使材料更好地发挥潜能，就必须选用适当的热处理工艺。

本书的主要内容是：以机械零部件材料选用为主线，介绍各种常用材料（重点是钢铁材料）和常用热处理工艺。作为拓展，本书还对机械零部件的常用毛坯成形方法（铸造、焊接、锻压）进行了简要介绍。

通过本课程的学习，可获得常用机械工程材料、热处理、毛坯成形方法的基本知识，为学习其他相关课程及从事机械和加工制造方面的工作奠定必要的基础。学习本课程的基本要求是：

1）掌握常用金属材料的牌号、性能、特点及用途，初步具备合理选择材料的能力。

2）了解钢的热处理的基本原理，初步掌握常用热处理方法的工艺及应用，初步具备合理选择热处理工艺的能力。

3）了解金属零件铸造、焊接和锻压的基本原理、特点和应用。

4）初步了解与本课程有关的新技术、新材料、新工艺。

本课程是一门应用性很强的课程，与生产实际联系十分紧密。在学习中，应注重理论联系实际，将书本知识与实验、金工实习结合起来，密切联系生产和生活实际，突出重点、强化应用，不断提高分析和解决问题的能力。

单元1 工程材料的性能

Unit 1

【实例导入】

齿轮传动（图 1-1）是一种应用十分广泛的机械传动，其主要作用是调节速度、传递动力和运动。在齿轮传动中，轮齿既要承受压力，表面还要承受摩擦和磨损，有时还会承受冲击，而且多数情况下，这些力是周期性循环变化的。为了保证齿轮正常工作，齿轮的材料必须具有抗断裂、抗磨损、抗冲击等性能。另外，齿轮材料还应具备良好的加工性能。

材料的性能包括使用性能、工艺性能及经济性能，是选用材料的基本依据。本单元主要介绍上述性能的概念、含义及指标。

图 1-1　齿轮传动

【学习目标】

1. 掌握金属材料各种力学性能的概念、含义及指标。
2. 了解金属材料相关物理、化学性能的概念。
3. 了解金属材料工艺性能的概念。
4. 了解金属材料各种力学性能的测试方法。

模块 1　强度与塑性

一、强度

强度是指金属材料在外力作用下抵抗塑性变形（永久变形）和断裂的能力。

强度的大小可通过拉伸试验来测定。对于试验过程及试验所用试样，国家标准 GB/T 228.1—2021《金属材料 拉伸试验 第 1 部分：室温试验方法》进行了具体规定。试验时，将试样两端夹在试验机的两个夹头上，随着载荷的缓慢增加，试样逐步伸长直至被拉断，如图 1-2 所示。

根据拉伸力（F）与伸长量（ΔL）的变化关系绘制的曲线为力-延伸曲线，低碳钢的力-延伸曲线如图 1-3 所示。

在力-延伸曲线的 OE 阶段，载荷与伸长量呈线性关系。当载荷除去后，试样恢复原来的形状和尺寸，是金属材料的弹性变形阶段。E 点所对应的应力称为材料的弹性极限。当载荷超过 E 点时，试样开始产生塑性变形。

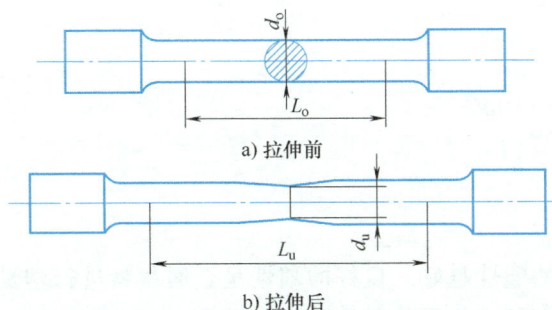

图 1-2　圆形拉伸试样

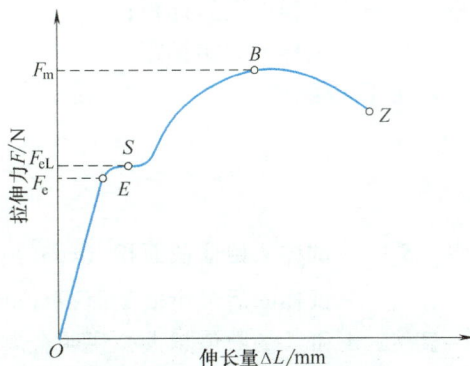

图 1-3　低碳钢的力-延伸曲线

1. 屈服强度

当材料呈现屈服现象时，即使载荷不再增加，塑性变形量也会明显增加，这段曲线几乎呈水平（图 1-3 中 S 点）。产生屈服现象时的应力称为屈服强度，屈服强度分为上屈服强度（R_{eH}）和下屈服强度（R_{eL}），工程上多用下屈服强度，单位常用 MPa。

$$R_{eL} = \frac{F_{eL}}{S_o}$$

式中　F_{eL}——试样产生屈服现象时的载荷（N）；

　　　S_o——试样原始横截面积（mm^2）。

除低碳钢、中碳钢及少数合金钢有屈服现象外，大多数金属材料没有明显的屈服现象，因此，对于这些材料，规定塑性延伸率为 0.2% 时的应力作为条件屈服强度 $R_{p0.2}$ 可以替代屈服强度。

显然，机械零件在正常工作时不允许产生塑性变形，因此，下屈服强度 R_{eL} 或 $R_{p0.2}$ 是设计零件时选用金属材料的重要依据。

2. 抗拉强度

试样在拉断前所能承受的最大应力称为抗拉强度，通常用 R_m 来表示，单位常用 MPa。

$$R_m = \frac{F_m}{S_o}$$

式中　F_m——试样拉断前的最大拉力（N）；

　　　S_o——试样原始横截面积（mm^2）。

显然，材料承受的应力达到其抗拉强度 R_m 时，将导致金属构件和零件的断裂，因此抗拉强度 R_m 和屈强比（R_{eL}/R_m）也是设计和选材的重要依据。

二、塑性

塑性指金属材料在外力作用下产生塑性变形而不破坏的能力。塑性通常用下述两个指标来描述。

1. 断后伸长率

$$A = \frac{L_u - L_o}{L_o} \times 100\%$$

式中　　L_u——试样的断后标距；

　　　　L_o——试样的原始标距。

2. 断面收缩率

$$Z = \frac{S_o - S_u}{S_o} \times 100\%$$

式中　　S_o——试样原始横截面积（mm^2）；

　　　　S_u——试样断后最小横截面积（mm^2）。

显然，A 和 Z 的数值越大，说明金属材料的塑性越好。良好的塑性是金属材料进行塑性加工的必要条件。在机械零件意外超载时，良好的塑性可使其不致突然断裂。

模块 2　硬度

硬度是指金属材料表面抵抗硬物压入的能力，或者说是指金属表面对局部塑性变形的抵抗能力。硬度是检验毛坯或成品件、热处理件的重要性能指标。常用的硬度指标有布氏硬度和洛氏硬度等。

一、布氏硬度

在一定直径（10mm，5mm，2.5mm 或 1mm）的碳化钨硬质合金球上，加以一定载荷，压入被测金属材料的表面，根据所用载荷的大小和所得压痕面积来计算压痕球面上的平均压力，即表示布氏硬度，如图 1-4 所示。布氏硬度用 HBW 表示，即

$$HBW = \frac{F}{S} = \frac{F}{\pi Dh} = \frac{0.102 \times 2F}{\pi D(D - \sqrt{D^2 - d^2})}$$

式中　　F——所加压力（N）；

　　　　S——压痕表面积（mm^2）；

　　　　D——碳化钨合金球直径（mm）；

　　　　h——压痕深度（mm）；

　　　　d——压痕直径（mm）。

实际应用时，布氏硬度可以直接查表得到，不需要计算，习惯上也不标单位。

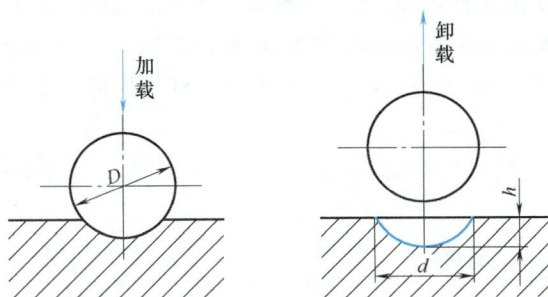

图1-4 布氏硬度试验原理示意图

布氏硬度压痕面积大，能在较大范围内反映材料的平均硬度，故其测得的硬度值较准确，数据重复性较强。常用来测定铸铁、有色金属及退火、正火和调质处理的钢。

二、洛氏硬度

洛氏硬度试验是在特定的压头上施加一定的压力压入被测材料，根据压痕的深度来度量材料的硬度值。压痕越深，材料越软，硬度值越低。

如采用120°锥顶角的金刚石圆锥体为压头和施加1.471kN测得的硬度，以HRC表示，如图1-5所示。先施加初始载荷到了位置1，再加上主实验力到了位置2，此时压头压入到 c 处，位置3为卸除主载荷后，试样弹性恢复的位置，用以计算硬度。

HRC是应用最广泛的洛氏硬度，此外，还有HRA、HRBW等表示不同洛氏硬度的符号，其压头和载荷与HRC不同。

洛氏硬度试验操作简便、迅速，可直接从表盘上读出硬度值，没有单位。由于压痕小，可用于成品及薄件检验，但不及布氏硬度试验准确。洛氏硬度用于测定钢铁、有色金属及硬质合金等。

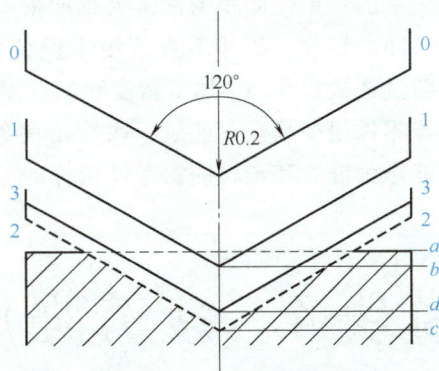

图1-5 洛氏硬度试验原理示意图

模块3 冲击韧性

前面讨论的是在静载荷作用下的力学性能指标，但是许多零件还经常受到各种冲击动载荷的作用，例如蒸汽锤的锤杆，柴油机上的连杆、曲轴、压力机的冲头以及大锤、扁铲、风镐钎子等在工作时都受到冲击载荷的作用。对承受冲击载荷的零件，不仅要求有高的强度和一定的硬度，还必须具有抵抗冲击载荷的能力。

所谓冲击韧性，就是金属材料抵抗冲击载荷作用而不破坏的能力，是用来评价材料在冲击载荷作用下的脆断倾向的性能指标。冲击韧性的好坏由冲击韧度的大小来反映。

冲击韧度一般采用摆锤式冲击试验进行测定，利用升高的摆锤将带有 U 型（或 V 型）缺口的标准试样打断，如图 1-6 所示。测出冲击吸收能量（冲击功）KU（或 KV），用以表示冲击韧性的好坏。显然，KU（或 KV）的值越大，材料的冲击韧性越好。

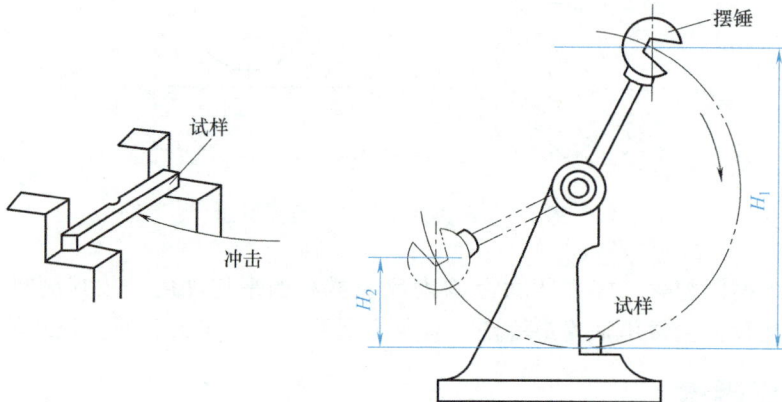

图 1-6 冲击试验示意图

一般将单位面积的冲击吸收能量（冲击功）KU（或 KV）称为冲击韧度。

冲击韧度一般并不直接用于设计计算，因为 KU（或 KV）的值不仅取决于材料本身，还随试样缺口深浅、加工精度和试验温度等因素在很大范围内变化。另外，在冲击载荷下的机器零件很少是受大能量一次冲击而破坏，因此在一次冲断条件下确定 KU（或 KV）的值只能作为设计和选材的参考性指标。

模块 4 疲劳强度

很多机械零件，如各种轴、齿轮、连杆、弹簧、钢轨等，经常受到大小及方向随时间呈周期性变化的交变载荷的作用，在交变载荷下工作的机器零件虽然工作应力远低于其抗拉强度，甚至低于屈服强度，但在长时间工作后会发生断裂，这种现象称为疲劳断裂。疲劳断裂时不发生明显的塑性变形，断裂是突然发生的，具有很大的危险性，常常造成严重的事故。据统计，损坏的机器零件中，约有 80% 都是由于金属疲劳造成的。因此，研究疲劳断裂的原因，提高疲劳抗力，防止疲劳断裂事故发生是非常重要的。在交变载荷作用下工作的零件，选材和设计时不仅要考虑材料的屈服强度，还要考虑它的疲劳强度。

疲劳强度是指在一定的循环次数下不发生断裂的最大应力。一般规定钢铁材料的循环次数为 10^7 次，有色金属为 10^8 次。当循环应力对称时，疲劳强度用 σ_{-1} 表示。

疲劳断裂常发生在金属材料最薄弱的部位，如材料的内部缺陷处，或是由于加工过程中所形成的磨痕、刀痕位置，或是由于零件局部应力集中导致产生的裂纹处。

提高金属材料的疲劳强度，可通过控制材料内部质量、改善零件的结构形状、避免应力集中、降低零件表面粗糙度值和进行表面热处理等措施来实现。

模块 5　金属材料的物理性能和化学性能

一、物理性能

金属材料的物理性能主要包括：

1. 密度

物质单位体积的质量称为密度，用符号 ρ 表示，其单位为 kg/m^3。

2. 熔点

金属材料从固态转变为液态时的温度称为熔点。

3. 热膨胀性

物体由于温度改变而发生热胀冷缩现象，这种热胀冷缩的性能称为热膨胀性。固体在单位温度变化时的热胀冷缩量称为热膨胀系数。热膨胀系数有线膨胀系数（长度变化）、面膨胀系数（面积变化）和体膨胀系数（体积变化）。

4. 导热性

金属材料传导热量的能力称为导热性，常用热导率（又称导热系数）表示。热导率越大，材料的导热性越好。

二、化学性能

金属的化学性能主要指金属抵抗外界化学介质侵蚀的能力，主要包括：

1. 耐蚀性

金属材料与其周围的介质发生化学作用而使其表面破坏，这种现象称为腐蚀，如钢铁生锈等。金属材料抵抗腐蚀的能力称为耐蚀性。

2. 抗氧化性

金属材料在高温下抵抗氧化作用的能力称为抗氧化性。

模块 6　金属材料的工艺性能

工艺性能是指金属材料对不同加工方法的适应能力。常用的工艺性能有铸造性能、锻造性能、焊接性能、切削加工性能和热处理性能等。

1. 铸造性能

金属材料熔化后铸造成形，获得优良铸件的能力称为铸造性能。铸造性能的好坏主要取决于液体金属的流动性、收缩性及偏析倾向等。

（1）流动性　液体金属充满铸型型腔的能力称为流动性（充型能力）。流动性好的金属容易充满整个铸型，获得形状完整、尺寸精确、轮廓清晰的铸件。流动性的好与坏主要与金属材料的化学成分、浇注温度和熔点高低有关。

（2）收缩性　金属在凝固和冷却过程中，其体积和尺寸减小的现象称为收缩性。铸件收缩不仅影响尺寸，还会使铸件产生缩孔、疏松、内应力、变形甚至开裂等缺陷。因此用于铸造的金属材料，应尽量选择收缩性小的。收缩性的大小主要取决于材料的种类和成分。

（3）偏析　铸件凝固后，截面上的不同部分存在的化学成分和组织不均匀的现象，称为偏析。偏析可使铸件各部分的性能产生很大差异，降低了铸件的质量。产生偏析的主要原因是合金凝固温度范围大，浇注温度高，浇注速度及冷却速度快。

2. 锻造性能

材料承受锻造成形的能力，即金属材料是否易于锻造加工的性能称为锻造性能，又称为可锻性。金属材料的锻造性能可用金属的塑性和变形抗力来衡量。塑性越好，变形抗力越小，材料的锻造性能越好。

3. 焊接性能

焊接性能，又称为焊接性，是指金属材料在一定的工艺和结构条件下，经过焊接后能够获得良好的焊接接头的难易程度。影响钢材焊接性的因素主要为其化学成分，而其中影响最大的是含碳量，钢材的含碳量越高，焊接性能越差。

除上述性能之外，金属的加工性能还包括热处理性能、切削加工性能等，将在相关单元介绍。

视野拓展

我国材料的发展历史

我国是世界文明发展最早的国家之一，是使用铜、铁最早的国家，曾有过辉煌的成就。

在公元前16—公元前11世纪的商代，青铜的冶铸技术就已经相当精湛了。在公元前5世纪的春秋时期，我国已出现锡焊、铜焊等技术。战国时期已掌握了钢铁热处理技术。河北易县燕下都遗址出土的钢铁兵器已经经过了淬火处理，西汉中山靖王墓出土的宝剑经过了渗碳处理。1965年在湖北省江陵县出土的春秋时期越王勾践剑，历经两千多年仍然光闪逼人，可见当时的铸造、热处理和防锈蚀技术已经很高。1980年在陕西临潼出土的秦铜车马，采用了铸、焊、凿、刻、挫、抛光及多种机械连接技术，这不仅需要高超的青铜冶铸技术，而且需要过硬的焊接、金属切削加工、钳工、装配等方面的技术。河北沧州五代时期重40t的铁狮子、湖北当阳高17.9m的宋代铁塔、河北正定高22m的宋代铜佛、北京大钟寺有23万字经文的明代永乐大钟等重型铸件，无一不反映了我国古代冶铸技术的高水平。

明朝宋应星编著的《天工开物》一书中载有冶铁、炼钢、铸钟、锻铁（熟铁）、焊接（锡焊和银焊）和淬火等多种金属成形与改性的工艺方法。这是世界上最早的有关金属工艺方面的著作之一。

从2012年到2021年，中国钢、铜、铝、甲醇、尿素、水泥、平板玻璃等主要产品产量连续多年保持世界第一。产业体系完整，优势不断巩固，拥有10个大类、34个中类、118个小类，多达15万余种产品，基本满足了国计民生和国防建设需求。2012年以来，新材料产业总产值年均增长率超过20%，在原材料工业占比达15%，形成了全球门类最齐全、规模第一的材料产业体系。我国自主研发的一批新材料有力保障了航空航天、信息通信等重大装备、重大工程的需要。如复合材料主结构件应用于"天和号"空间站核心舱；铝合金厚板等应用于 C919 大飞机；超纯净、超均匀集成电路材料取得突破；0.015mm "手撕钢"实现世界首创等。我国正逐步由"材料大国"转变成为"材料强国"。

单 元 小 结

金属材料的性能是选用材料的基本依据之一。本单元介绍了金属材料主要性能的概念、含义及指标。单元 1 思维导图如图 1-7 所示。

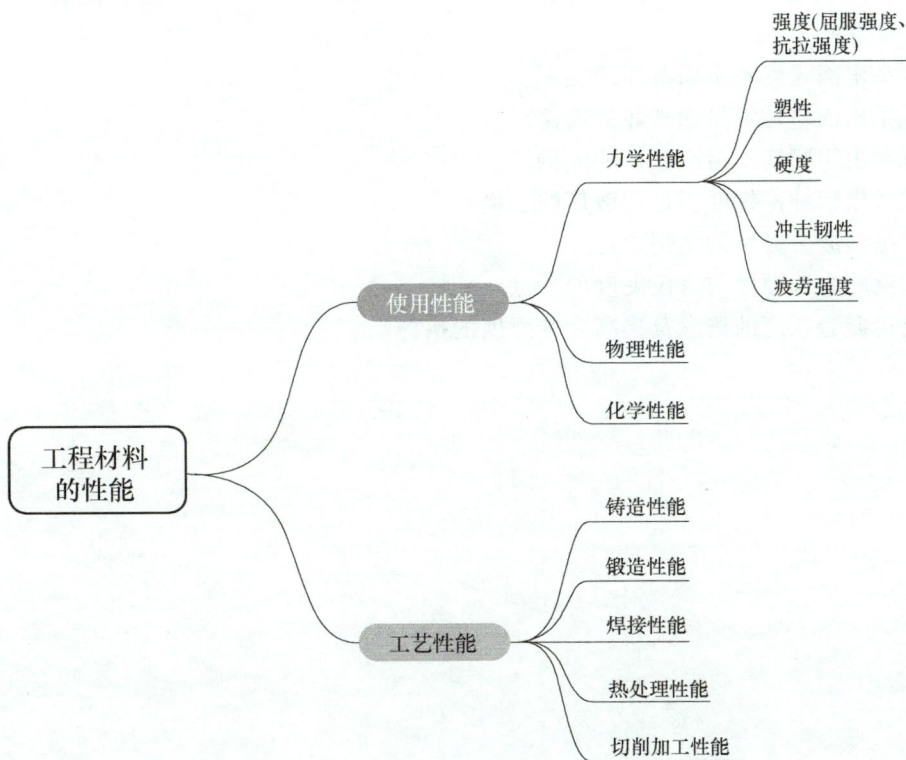

```
工程材料        使用性能        力学性能        强度(屈服强度、抗拉强度)
的性能                                        塑性
                                            硬度
                                            冲击韧性
                                            疲劳强度
                            物理性能
                            化学性能

            工艺性能        铸造性能
                            锻造性能
                            焊接性能
                            热处理性能
                            切削加工性能
```

图 1-7 单元 1 思维导图

自 我 测 评

一、填空题

1. 金属材料在外力（静载荷）作用下抵抗塑性变形（永久变形）和断裂的能力称为_____，其主要指标有_____和_____。

2. 金属材料在外力作用下产生塑性变形而不破坏的能力称为_____，其主要指标有_____和_____。

3. 金属材料抵抗冲击载荷的能力称为_____，其主要指标是_____。

4. 大小和方向随时间周期性变化的载荷称为_____。

5. 金属材料在交变载荷作用下不发生断裂的最大应力称为_____。

6. 常用的硬度指标有_____和_____。

二、选择题

1. HRC 和 HBW 分别表示_____和_____。
   - A. 洛氏硬度　维氏硬度
   - B. 布氏硬度　维氏硬度
   - C. 洛氏硬度　布氏硬度
   - D. 布氏硬度　洛氏硬度

2. 材料在交变载荷作用下的破坏称为_____。
   - A. 磨损破坏
   - B. 交变破坏
   - C. 疲劳破坏
   - D. 冲击破坏

3. 材料的导热性和热膨胀性属于_____。
   - A. 力学性能
   - B. 物理性能
   - C. 化学性能
   - D. 工艺性能

三、简答题

1. 试举出因强度不足而破坏的实例。

2. 试举出因塑性不足而破坏的实例。

3. 试举出因硬度不足而破坏的实例。

4. 试举出因冲击韧性不足而破坏的实例。

5. 试举出疲劳破坏的实例。

6. 试比较布氏硬度与洛氏硬度的特点。

7. 简述疲劳强度的概念及提高疲劳强度的措施。

单 元 收 获

请结合本单元学习目标和思维导图，归纳本单元各知识点的主要内容。

单元2 Unit 2 金属晶体结构基础知识

【实例导入】

不同的金属材料具有不同的性能。各种金属制件如图 2-1 所示。即使同为铁碳合金（钢铁材料），钢材和铸铁的性能也有很大差异。一种材料在经过不同的热处理工艺后，其性能也明显不同。金属材料之所以具有不同的性能，与它的晶体结构有密切的关系。

本单元主要介绍金属晶体结构基础及铁碳合金相图，以便理解和把握金属材料的性能特点及规律。

铸铁件

铜线

钢件

图 2-1　各种金属制件

【学习目标】

1. 了解晶体及晶体结构的基本概念。
2. 了解金属常见的晶格类型。
3. 理解金属的实际晶体结构。
4. 理解金属的结晶过程。
5. 理解同素异构转变的概念及钢铁的同素异构转变。
6. 理解合金的基本概念。
7. 掌握铁碳合金基本组织的概念及特点。
8. 理解铁碳合金相图及常见铁碳合金的结晶过程。

模块1 纯金属的晶体结构

一、晶体的概念

固态物质按其构造可分为晶体与非晶体两种。原子有规则地排列的物质称为晶体，否则为非晶体。大多数固态的物质都是晶体，如金刚石、石墨和一切固态金属都属于晶体。只有少数物质是非晶体，如玻璃、沥青和松香等都是非晶体。

为了清楚地描述晶体中原子排列的规律，可以把晶体中的每个原子看成近似静止的刚性小球，把这些小球用假想线条连接起来，就得到一个抽象化了的空间格子。这种表示晶体中原子排列形式的空间格子称为晶格。晶格的最小单元称为晶胞，如图2-2所示。晶胞中原子排列的规律能代表整个晶格中原子排列的规律，人们研究金属的晶格结构，一般都是取出晶胞来研究的。

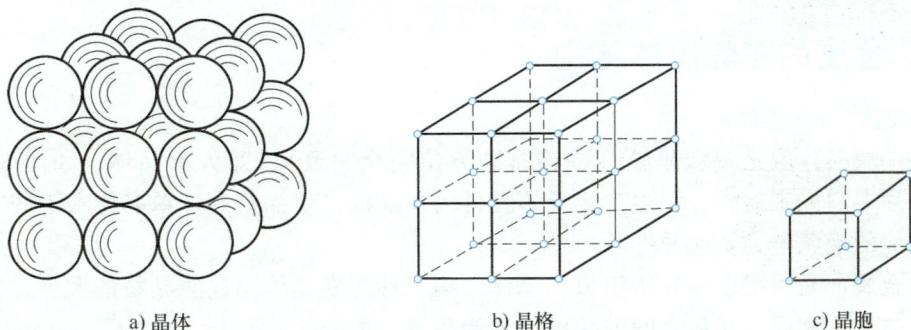

a) 晶体　　　　　　　　　　b) 晶格　　　　　　　　　c) 晶胞

图 2-2　晶体中原子的排列、晶格与晶胞示意图

二、常见的晶格类型

常见的金属晶体的晶格类型有如下三种：

1. 体心立方晶格

体心立方晶胞的原子分布在立方体的各结点和中心处，其特点是金属原子占据着立方体的八个顶角和中心，如图2-3所示。具有这种晶格的金属有铬（Cr）、钼（Mo）、钨（W）、钒（V）和 α-Fe（温度小于912℃的纯铁）。

这类金属有相当大的强度和较好的塑性。

2. 面心立方晶格

面心立方晶胞的原子分布在立方体的各结点和各面的中心处。金属原子除占据立方体的八个顶角外，在立方体六个面的中心也各有一个金属原子，如图2-4所示。具有这种晶格的金属有铝（Al）、铜（Cu）、镍（Ni）、铅

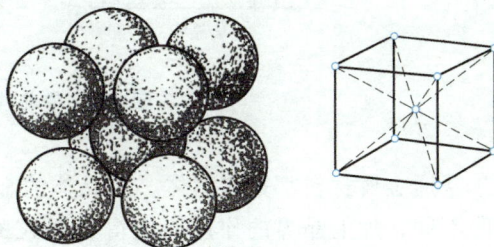

图 2-3　体心立方晶胞示意图

（Pb）和 γ-Fe（温度为 912~1394℃ 的纯铁）等。这类金属一般塑性很好。

3. 密排六方晶格

密排六方晶胞中，在六方柱体的各个结点和上下底面中心处各有一个原子，还有上下两个六方面的中间有三个原子，如图 2-5 所示。具有这种晶格的金属有铍（Be）、镁（Mg）、锌（Zn）、镉（Cd）等。

图 2-4　面心立方晶胞示意图 　　　　　　图 2-5　密排六方晶胞示意图

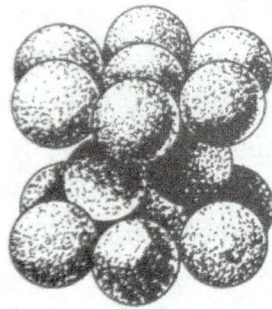

三、金属的实际晶体结构

1. 单晶体与多晶体

如果一块晶体就是一颗晶粒（晶格排列方位完全一致），即为单晶体，如图 2-6 所示。单晶体必须专门人工制作，如生产半导体元件的单晶硅、单晶锗等。单晶体在不同方向上具有不同性能的现象称为各向异性。

通常金属都是由很多晶粒所组成的晶体结构，称为多晶体。这些晶粒的大小、外形和晶格排列方向均不相同，晶粒之间的接触面称为晶界，如图 2-6 所示。

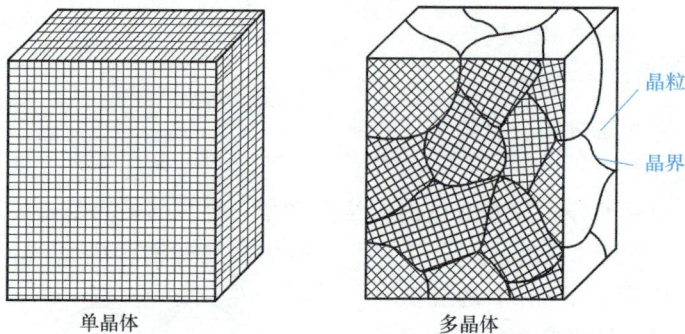

单晶体　　　　　　　　　　多晶体

图 2-6　单晶体与多晶体结构示意图

普通金属材料都是多晶体。多晶体的金属虽然每个晶粒具有各向异性，但由于各个晶粒位向不同，加上晶界的作用，使得各晶粒的有向性互相抵消，因而整个多晶体呈现出无向性，即各向同性。

2. 晶体的缺陷

在实际晶体中，由于某种原因，原子的规律排列受到干扰和破坏，使晶体中的某些原子偏离正常位置，造成原子排列的不完全性，称为晶体缺陷。晶体缺陷对金属的性能有显著影响。

晶体缺陷按几何形状可分为点缺陷、线缺陷和面缺陷。

（1）点缺陷　晶体中的原子总是在某一位置上做热振动，温度升高时，动能特别高的原子就要脱离周围原子的束缚，可能进入别的晶格间隙处成为"间隙原子"，或跑到金属表面，而原来的位置成为没有原子的"空位"，如图 2-7 所示。空位和间隙原子的出现，使晶体失去平衡而造成晶格畸变（歪扭）。

（2）线缺陷　线缺陷是晶体中呈线状分布的缺陷，其具体形式是各种类型的位错。晶体中有一列或若干列原子发生有规则的错排现象，就是位错。刃型位错是最常见的一种，如图 2-8 所示。在一个晶体的某一面的上半部比下半部多出了一个原子面，像刀刃一样插入，称为刃型位错。实际金属晶粒内存在有大量的位错，高的位错密度是强化金属的重要途径之一。

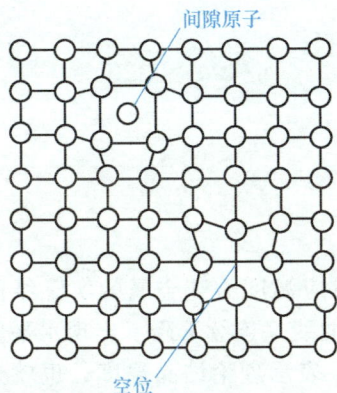

图 2-7　空位和间隙原子

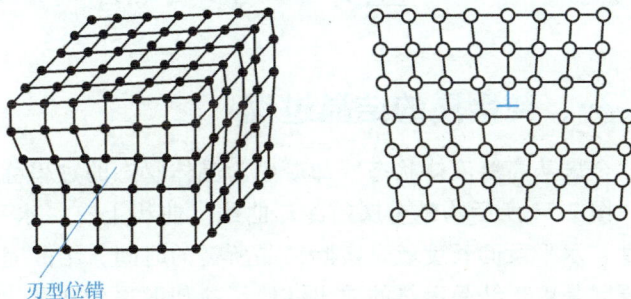

图 2-8　刃型位错晶体结构示意图

（3）面缺陷　面缺陷是指晶体中有一维空间方向上尺寸很小，另外两维方向上尺寸较大的缺陷。这类缺陷主要是指晶界和亚晶界。

多晶体存在晶界，由于晶界是相邻两晶粒间不同晶格方位的过渡区，致使该区域内的原子排列不整齐，偏离其平衡位置，产生晶格畸变，如图 2-9 所示。

在实际金属晶体的晶粒内部，原子排列也不是完全有规则的，而是由许多位向差很小的晶块所组成的。这些小晶块称为嵌镶块或亚晶粒。在亚晶粒内部的原子排列位向是一致的。但在亚晶粒的交界面，即亚晶界处也存在着晶格畸变，如图 2-10 所示，它也是面缺陷。

应当指出，晶体缺陷不等于人们常说的缺点。金属材料中晶体缺陷的存在对金属的性能有着重大的影响。

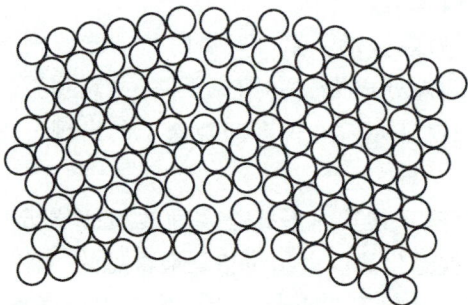

图 2-9　晶界示意图

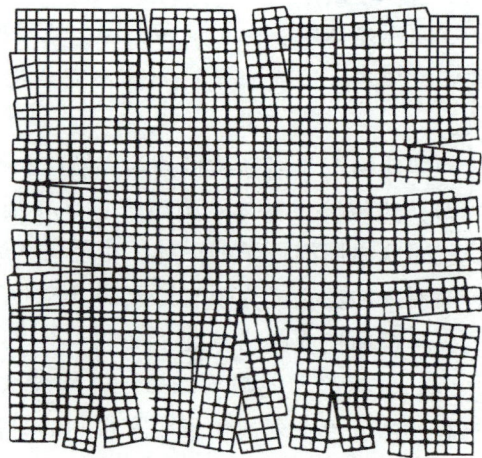

图 2-10　亚晶界示意图

模块 2　金属的结晶

一、纯金属的结晶过程

金属从高温液体状态冷却凝固为晶体状态的过程称为结晶。

图 2-11 所示为纯金属的冷却曲线。曲线上有一水平段，对应温度为纯金属的实际结晶温度，水平段的长度就是实际结晶所需的时间，结晶完了以后曲线又连续下降。出现水平段的原因是由于结晶潜热的放出补偿了冷却散失的热量，图中 T_0 表示理论结晶温度，也就是金属的结晶速度恰好等于它的熔化速度时所对应的温度，显然当高于这个温度时，固态金属便不断熔化，只有当低于这个温度时，液态金属才会不断结晶。实际结晶温度 T_1 低于理论结晶温度，这种现象称为过冷，其温度差称为过冷度，用 ΔT 表示，即 $\Delta T = T_0 - T_1$。

过冷是结晶的必要条件，ΔT 越大，结晶的推动力也越大，结晶速度越快。过冷度的大小与冷却速度密切相关，冷却速度越快，过冷度越大，即实际结晶温度越低，反之亦然。

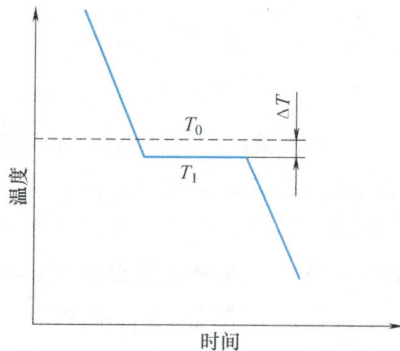

图 2-11　纯金属的冷却曲线

随着液态金属温度的下降，原子的活动能力逐渐降低，当温度降到结晶温度以下时，在液态金属内部，有一些原子自发地聚集在一起，并按金属晶体的固有规律排列起来，形成规则排列的原子集团而成为结晶的核心，称为晶核。在液态金属中，一些外来的微细固态质点也可成为结晶的核心。前者称为自发晶核，后者称为外来晶核。当晶核开始出现后，液态金属的原子就以它为中心按一定的几何形状不断地向它聚集，即这些晶核不断地长大。同时，液体中又有新的晶核不断地形成及长大，直到液态金属全部耗尽，晶体相互抵触，结晶过程也就完成了，最后便形成了许多外形不规则的、大小不等的、排列方向不相同的小晶体，称为晶粒。晶粒间的交界面称为晶界。金属晶体是这些小晶粒组成的多晶体，如图2-12所示。

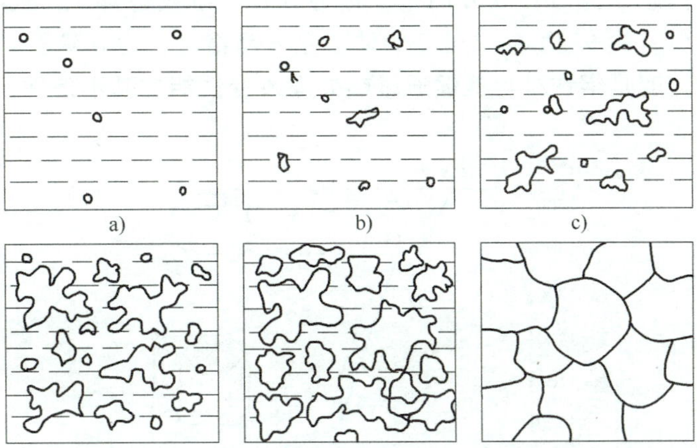

图2-12　金属结晶过程示意图

二、晶粒的大小与力学性能

金属结晶后的晶粒大小对力学性能影响很大，一般情况下，晶粒越细，强度、硬度越高，塑性、韧性也越好。因此通常总是希望金属材料的晶粒越细越好。

为了得到细晶粒的金属，常采取以下几种方法。

1. 加快冷却速度

金属结晶过程中过冷度越大，结晶推动力越大，生核速率增长要快一些，故过冷度越大，晶粒越细。因此降低浇铸温度、增大冷却速度（如采用金属型、水冷铸型等）可使晶粒细化。薄壁铸件的晶粒较细，厚大的铸件往往是粗晶；铸件外层的晶粒较细，心部则是粗晶。

2. 变质处理

变质处理指在浇注时向液态金属中加入一定的变质剂，起到外来晶核的作用，并能在铸件的整个体积内都能得到均匀细化的晶粒。

3. 振动

机械振动、超声波振动、电磁振动均会使新晶粒数量增加，生核能量提高，生核率提高，从而达到细化晶粒的目的。

此外，还可以采用热处理和压力加工的方法，使固态金属的粗晶粒细化。

三、金属的同素异构转变

在确定条件下金属只有一种晶体结构，但是，铁、锰、锡、钛等金属的晶格类型会随温度的升高或降低而发生改变。一种固态金属，在不同的温度区间具有不同的晶格类型的性质称为同素异构性。金属在固态下晶格随温度发生改变的现象，称为同素异构转变。

金属的同素异构转变的过程，就是原子重新排列的过程，它同样包含晶核的形成和长大，故又称为重结晶。

纯铁是具有同素异构性的金属。图 2-13 所示为纯铁的冷却曲线。当液态纯铁冷却到 1538℃时，结晶为固态，为体心立方晶格，称为 δ 铁；继续冷却至 1394℃时，转变为面心立方晶格，称为 γ 铁；到 912℃时又转变为体心立方晶格，称为 α 铁。

铁的同素异构转变是钢铁材料能够通过热处理改变性能的基本条件。

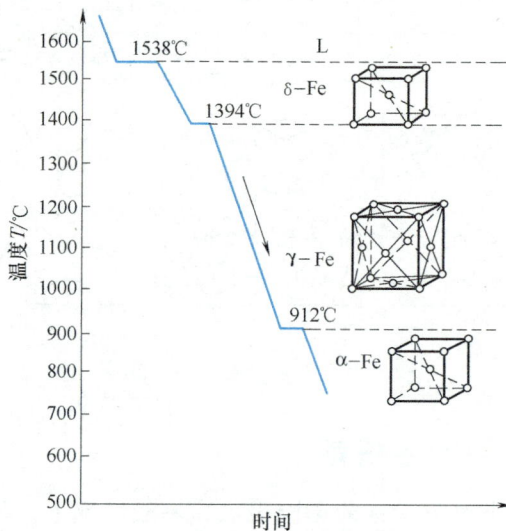

图 2-13　纯铁的冷却曲线

模块 3　合金的晶体结构

虽然纯金属在工业中有着重要的用途，但由于其强度低等原因，目前工业上广泛使用的金属材料绝大多数是合金。

一、合金的基本概念

1. 合金

合金是以一种金属为基础，加入其他金属或非金属，经过熔合而获得的具有金属特性的材料。即合金是由两种或两种以上的元素所组成的金属材料。例如，工业上广泛应用的钢铁材料就是铁和碳组成的合金；普通黄铜是铜与锌组成的合金。

2. 组元

组成合金最简单的、最基本的、能够独立存在的元素称为组元，简称为元。组元一般是指元素，但有时稳定的化合物也可以作为组元，如 Fe_3C、Al_2O_3、CaO 等。合金按组元的数目可分为二元合金、三元合金及多元合金。例如，普通黄铜是由铜和锌组成的二元合金；硬铝是铝、铜和镁三种元素组成的三元合金；熔丝是锡、铋、镉和铅四种元素组成的四元合金等。

3. 合金系

由两个或两个以上组元按不同比例配制成一系列不同成分的合金，这一系列合金构成一个合金系统，简称为合金系。

4. 相

合金中具有同一化学成分、同一晶格形式并以界面分开的各个均匀组成部分称为相。如均匀的液体称为单相，液相和固相同时存在则称为两相。纯铁在不同温度下可以出现不同的相：液相、δ-Fe 相、γ-Fe 相和 α-Fe 相。

5. 组织

由单相或多相组成的具有一定形态的聚合物称为组织。纯金属的组织是由一个相组成的，合金的组织可以是一个相或由多个相组成。

二、合金的组织结构

合金的组织结构比较复杂，不同合金的组织结构也各不相同，但常见的有以下三种。

1. 固溶体

溶质原子溶入金属溶剂中所形成的固态合金，称为固溶体。固溶体晶体结构的最大特点是保持着原溶剂的晶体结构。

根据固溶体晶格中溶质原子在溶剂晶格中所处的位置不同，分为置换固溶体和间隙固溶体两种。置换固溶体即溶剂晶格上的原子部分地被溶质原子所代替。黄铜就是锌溶于铜中的置换固溶体。间隙固溶体即溶质原子夹杂在溶剂晶格中间，铁碳合金中的铁素体和奥氏体都是碳溶于铁中的间隙固溶体。固溶体结构示意图如图 2-14 所示。

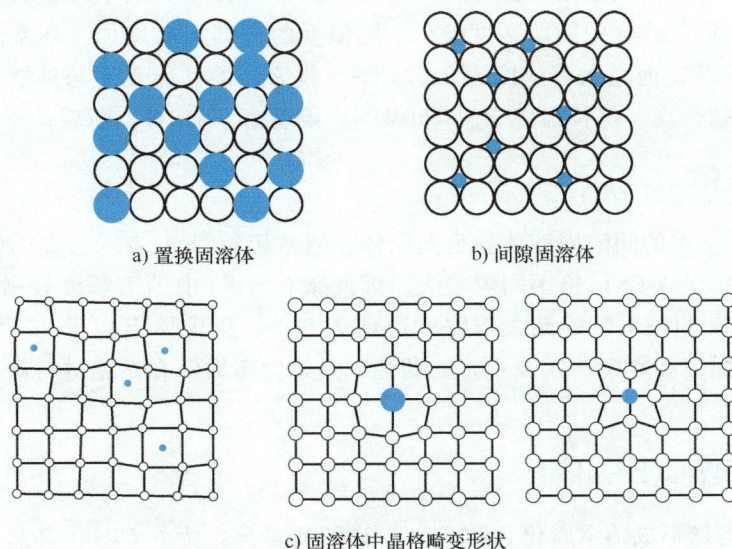

a) 置换固溶体　　　　　　　　　b) 间隙固溶体

c) 固溶体中晶格畸变形状

图 2-14　固溶体结构示意图

由于各种元素的原子大小、化学性质不同，当溶质原子溶入溶剂中时，致使溶剂的晶格发生畸变。固溶体晶格的畸变使合金强度和硬度升高，而塑性下降，这种现象称为固溶强化。固溶强化是提高合金力学性能的重要途径之一。

2. 金属化合物

金属化合物是指合金各组元的原子按一定的原子数量比化合而成的一种新的与各组元完全不同类型晶格的化合物。它的晶体结构不同于组成元素的晶体结构，而且其晶格一般都比较复杂，其性能特点是熔点高、硬度高、脆性大。例如铁碳合金中的 Fe_3C。当合金中出现金属化合物时，能提高其强度、硬度和耐磨性，但会降低其塑性和韧性。

3. 机械混合物

当组成合金的各组元在固态下既互不溶解，又不形成化合物，而是通过机械方法混合在一起，即形成各组元晶体的机械混合物。组成机械混合物的物质可以是纯组元、固溶体或者是化合物各自的混合物，也可以是它们之间的混合物。

模块 4　铁碳合金的基本组织

钢和铁是工业上应用最广泛的金属材料，它们都是铁碳合金。铁碳合金中碳原子和铁原子可以有几种不同的结合方式：一种是碳溶于铁中形成固溶体；另一种是碳和铁化合形成化合物；此外，还可以形成由固溶体和化合物组成的混合物。

一、铁素体（F）

碳溶解于 α-Fe 中的间隙固溶体称为铁素体，通常用符号 F 表示。铁素体的晶体结构呈体心立方晶格。碳在 α-Fe 中的溶解度极小，随温度的升高略有增加，在室温时的溶解度仅有 0.008%，在 727℃ 时最大溶解度为 0.0218%。铁素体的性能几乎与纯铁相同，其强度和硬度低，塑性和韧性高，抗拉强度 $R_m = 250MPa$，硬度为 80HBW，断后伸长率 $A = 50\%$。

二、奥氏体（A）

碳溶解于 γ-Fe 中的间隙固溶体称为奥氏体，通常用符号 A 表示。奥氏体的晶体结构呈面心立方晶格。由于 γ-Fe 晶格中间隙较大，因此碳在 γ-Fe 中的溶解度较高，在 727℃ 时溶解度为 0.77%，在 1148℃ 时的最大溶解度达到 2.11%。奥氏体存在于 727℃ 以上的高温区间，具有一定的强度和硬度，以及很好的塑性，是绝大多数钢在高温进行锻造或轧制时所要求的组织。

三、渗碳体（Fe_3C）

渗碳体是铁与碳形成的金属化合物 Fe_3C，碳的质量分数为 6.69%，其晶胞是八面体，晶格构造十分复杂。渗碳体的性能很硬、很脆，硬度为 800HBW，$A \approx 0$。渗碳体在钢中主要起强化作用，随着钢中含碳量的增加，渗碳体的数量增多，钢的强度和硬度提高，而塑性下降。

四、珠光体（P）

珠光体是由铁素体和渗碳体组成的机械混合物，用符号 P 表示，它是由硬的渗碳体片和软的铁素体片层片相间、交错排列而成的组织，其性能介于铁素体和渗碳体之间，强度较高（$R_m = 750\text{MPa}$，180HBW），同时保持着良好的塑性和韧性（$A = 20\% \sim 25\%$）。

五、莱氏体（Ld）

莱氏体是奥氏体与渗碳体的机械混合物，用符号 Ld 表示。因奥氏体在 727℃ 时将转变为珠光体，所以在 727℃ 以下，莱氏体转变为由珠光体和渗碳体组成的机械混合物，称为低温莱氏体，用符号 Ld′ 表示。莱氏体的力学性能和渗碳体相似，硬度很高，塑性很差。

模块5 铁碳合金相图

铁碳合金相图是研究铁碳合金的基础，是研究铁碳合金的成分、温度和组织结构之间关系的图形。由于碳的质量分数 $w_C > 6.69\%$ 的铁碳合金脆性极大，没有使用价值，因此相图成分轴仅标出 $w_C < 6.69\%$ 的部分。另外，Fe_3C 是个稳定的化合物，可以作为一个组元，因此铁碳合金相图又称为 $Fe\text{-}Fe_3C$ 相图。图 2-15 所示是简化了的铁碳合金相图。铁碳合金相图对于了解钢铁材料的性能及使用、制订钢铁材料的热加工工艺有重要的指导意义。

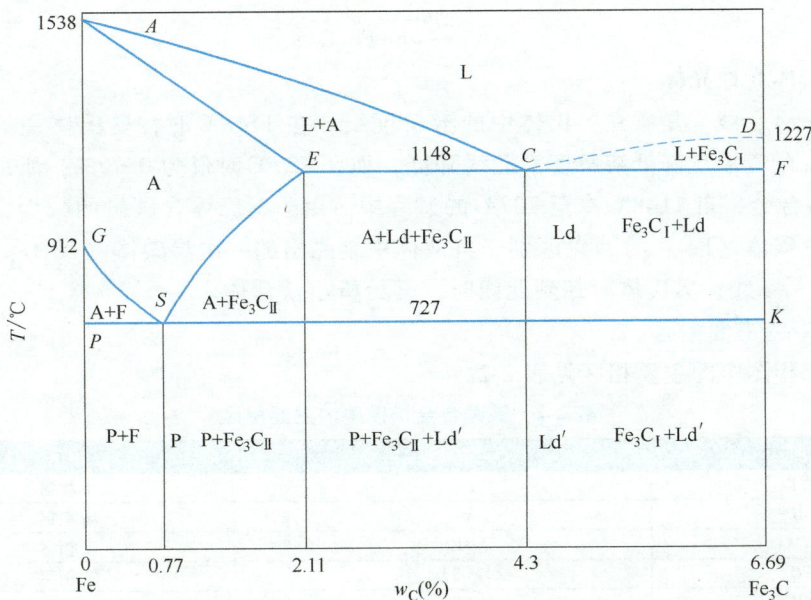

图 2-15 铁碳合金相图

一、铁碳合金相图的主要点、线、区

1. 主要特性点

铁碳合金相图中主要特性点的温度、含碳量及其含义见表2-1。

表 2-1　铁碳合金相图的特性点

点的符号	温度/℃	含碳量（质量分数,%）	含义
A	1538	0	纯铁的熔点
E	1148	2.11	碳在 γ-Fe 中最大溶解度
C	1148	4.30	共晶点
F	1148	6.69	共晶线与渗碳体成分线的交点
D	1227	6.69	渗碳体的熔点（计算值）
G	912	0	α-Fe ⇌ γ-Fe 同素异构转变点
P	727	0.0218	碳在 α-Fe 中的最大溶解度
S	727	0.77	共析点
K	727	6.69	共析线与渗碳体成分线的交点

2. 主要特性线

ACD 线——液相线，在此线以上的区域为液相，当合金液冷却到此线时开始结晶。

AECF 线——固相线，合金熔液冷却到此线时结晶完毕，此线以下为固相区。

ECF 线——共晶线，它是一条重要的水平线，温度为1148℃，液态合金冷却到此线时，在恒温条件下，将从液体中同时结晶出奥氏体和渗碳体的机械混合物，即发生共晶反应

$$L \xrightarrow{1148℃} A+Fe_3C$$

所形成的共晶体为莱氏体。

PSK 线——共析线，代号 A_1。也是一条重要的水平线，温度为727℃，当合金冷却到此线时，从奥氏体中同时析出铁素体和渗碳体的机械混合物，即发生共析反应

$$A \xrightarrow{727℃} F+Fe_3C$$

所形成的共析体为珠光体。

ES 线——A_{cm} 线，是碳在奥氏体中的溶解度线。在1148℃时，奥氏体中的溶碳能力最大为2.11%，随着温度降低溶解度沿此线降低，而在727℃时仅为0.77%，所以含碳量大于0.77%的铁碳合金，自1148℃冷至727℃的过程中，由于奥氏体含碳量的减少，将从奥氏体中析出二次渗碳体（Fe_3C_{II}），以区别于自液体中结晶出的一次渗碳体（Fe_3C_I）。

GS 线——A_3 线，奥氏体冷却到此线时，开始析出铁素体。

3. 相图中的主要相区

铁碳合金相图中的主要相区见表2-2。

表 2-2　铁碳合金相图中的主要相区

范围	存在的相	相区
ACD 线以上	L	单相区
AESGA	A	单相区
AECA	A+L	二相区
DFC	Fe_3C+L	二相区
GSP	A+F	二相区
ESKF	A+Fe_3C	二相区
PSK 线以下	F+Fe_3C	二相区

二、铁碳合金的分类

根据铁碳合金相图，按照铁碳合金中碳的质量分数（w_C），以 E 点的成分为分界线，可对铁碳合金进行如下分类。

1）工业纯铁：$w_C < 0.0218\%$，常温组织为 F。

2）钢：$w_C = 0.0218\% \sim 2.11\%$，又分为以下三类。

① 亚共析钢：$w_C = 0.0218\% \sim 0.77\%$，常温组织为 F+P。

② 共析钢：$w_C = 0.77\%$，常温组织为 P。

③ 过共析钢：$w_C = 0.77\% \sim 2.11\%$，常温组织为 $P+Fe_3C_{II}$。

3）生铁（白口铁） $w_C = 2.11\% \sim 6.69\%$，又分为以下三类。

① 亚共晶生铁：$w_C = 2.11\% \sim 4.3\%$，常温组织为 $P+Fe_3C_{II}+Ld'$。

② 共晶生铁：$w_C = 4.3\%$，常温组织为 Ld'。

③ 过共晶生铁：$w_C = 4.3\% \sim 6.69\%$，常温组织为 Fe_3C_I+Ld'。

三、铁碳合金相图的应用

1. 含碳量对钢性能的影响

含碳量对铁碳合金的组织和性能有着重大的影响，如图 2-16 所示。

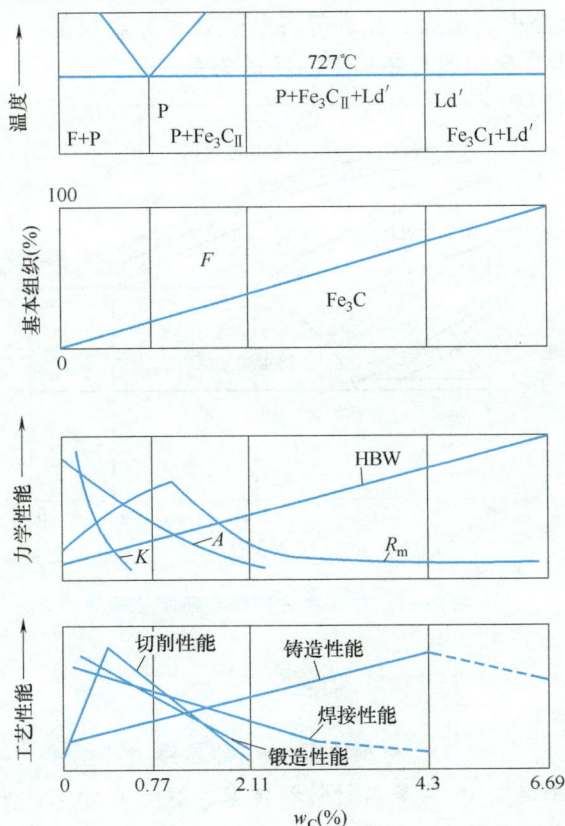

图 2-16 含碳量对铁碳合金的成分、组织与性能的影响

随着含碳量增高，铁素体数量减少，渗碳体的数量增加，因此，使不同成分的铁碳合金在力学性能和工艺性能等方面产生了极大的差异。

当含碳量增加时，硬度增加，塑性、韧性降低。强度首先是随含碳量增加而增加，当 $w_C > 1\%$ 时，强度反而下降了，这是由于二次渗碳体发展成连续网状，削弱了晶粒间的结合力，使钢变得硬、脆，强度下降。

对于白口铁来说，由于出现了以渗碳体为基体的莱氏体，性能硬脆，难以切削加工，很少应用。

根据图中成分-组织-性能关系的规律，可以按照零件或工具性能要求，进行合理的选材。如果需要塑性好、韧性高的材料，则可选用铁素体组织多的碳钢；要求综合力学性能较高的材料时，可选组织是铁素体加珠光体的碳钢；当需要硬度高、耐磨性好的材料时，则应选含碳更高的组织是珠光体加渗碳体的碳钢。

2. 制订热加工工艺方面的应用

在铸造生产方面，根据铁碳合金相图确定浇铸温度，一般在液相线以上 150℃ 左右。可选择流动性好的合金，即接近共晶成分的合金应用最广泛，因其熔点低，结晶温度间隔小，流动性好，组织致密。

在锻造生产中，钢材在锻造时必须选择在奥氏体区的适当温度范围内进行，因为奥氏体单相变形均匀，强度较低，塑性较好，便于塑性变形。

在焊接方面，可根据铁碳合金相图分析低碳钢焊接接头的组织变化情况。

在热处理时，拟订淬火、退火、正火等各种热处理加热规范。

图 2-17 所示为铁碳合金相图与热加工温度的关系。

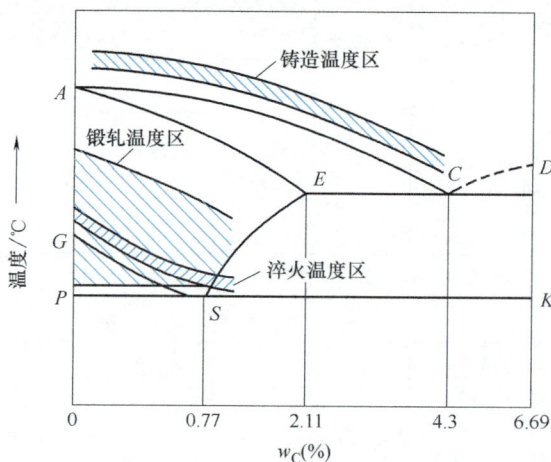

图 2-17　铁碳合金相图与热加工规范

视野拓展

材料之父——师昌绪

师昌绪（1920—2014），中国著名材料科学家、战略科学家，中国科学院、中国工程院资深院士，国家最高科学技术奖获得者。

1941 年，师昌绪考入国立西北工学院矿冶系。1952 年在美国欧特丹大学获冶金学博士学位。在麻省理工学院工作 3 年，积极参与争取回国的斗争，1955 年回国。1982 年创办并兼任中科院金属腐蚀与防护研究所所长。师昌绪院士发表学术论文 300 多篇，培养硕士及博士生近 100 名。

师昌绪对国家科技政策的制订及科技机构的设置和发展做出了突出贡献。他倡导并参与主持了中国工程院的建立；多次主持全国材料领域发展规划。师昌绪在国际材料科学领域享有很高声誉，多次担任国际材料领域学术会议主席或顾问。

1980 年师昌绪当选为中国科学院院士，1994 年当选为中国工程院院士，1995 年当选为第三世界科学院院士。2010 年荣获国家最高科学技术奖。

2015 年师昌绪被评为感动中国 2014 年度人物。组委会的颁奖词：八载隔洋同对月，一心挫霸誓归国。归来是你的梦，盈满对祖国的情。有胆识，敢担当，空心涡轮叶片，是你送给祖国的翅膀。两院元勋，三世书香。一介书生，国之栋梁。

单 元 小 结

各种金属材料具有不同的性能，这是由其内部组织结构决定的。本单元介绍了金属的晶体结构、金属的结晶过程及影响晶粒大小的因素，了解铁的同素异构转变特点、合金的组织结构和性能特点，从而为学习铁碳合金等内容奠定必要的基础。单元 2 思维导图如图 2-18 所示。

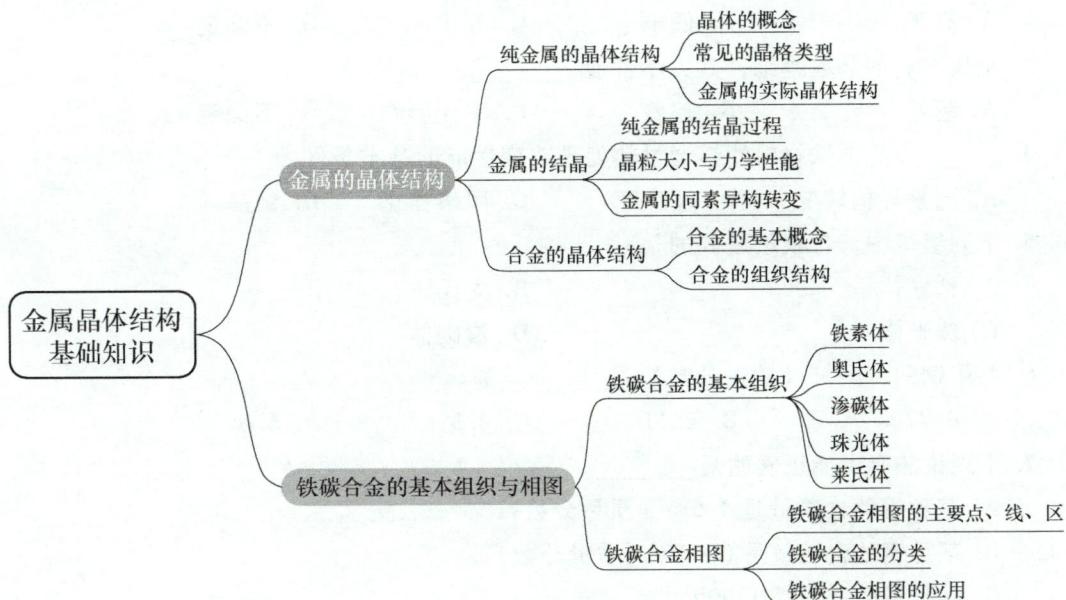

图 2-18　单元 2 思维导图

自 我 测 评

一、填空题

1. 常见的金属晶体的晶格类型有_____、_____、_____三种。

2. α-Fe（温度小于 912℃ 的纯铁）的晶格类型属于_____，γ-Fe（温度为 1394~912℃ 的纯铁）的晶格类型属于_____。

3. _____是结晶的必要条件，过冷度大小与_____有关，冷却速度越快，过冷度越_____。

4. 金属在固态下晶格随温度发生改变的现象，称为_____。

5. 合金是以一种_____为基础，加入其他_____，经过熔合而获得的具有_____特性的材料。

6. 固溶体晶格的畸变使合金强度和硬度升高，而塑性下降，这种现象称为_____。

7. 碳溶解于 α-Fe 中的间隙固溶体称为_____，通常用符号_____表示；碳溶解于 γ-Fe 中的间隙固溶体称为_____，通常用符号_____表示。

8. 亚共析钢的室温组织为_____，共析钢的室温组织为_____，过共析钢的室温组织为_____。

二、选择题

1. 普通金属材料多是_____。

    A. 单晶体   B. 多晶体   C. 非晶体   D. 上述三种都有可能

2. 金属的实际结晶温度_____其理论结晶温度。

    A. 高于   B. 低于   C. 等于   D. 不确定

3. 金属材料的晶粒越细，其力学性能_____。

    A. 越好   B. 越差   C. 不受影响   D. 不确定

4. _____是钢铁材料能够通过热处理改变性能的基本条件。

    A. 同素异构转变   B. 过冷度   C. 固溶强化   D. 结晶

5. 下列组织中，含碳量最低的是_____。

    A. 铁素体   B. 奥氏体

    C. 珠光体   D. 渗碳体

6. 共析钢的含碳量（质量分数）是_____%。

    A. 0.77   B. 2.11   C. 4.3   D. 6.69

7. 下列说法有可能正确的是_____。

    A. 某种钢的含碳量是 4.5%（质量分数）

    B. 某种钢的含钢量是 0.45%（质量分数）

    C. 某种钢的熔点是 1800℃

    D. 某种钢的熔点是 1000℃

三、简答题

1. 常见的金属晶格有哪几种？举例说明。

2. 什么是结晶？简述纯金属的结晶过程。

3. 晶粒的大小对金属的力学性能有何影响？其细化方法有哪些？

4. 铁碳合金的基本组织有哪些种？其结构和性能各有何特点？

5. 画出铁碳合金相图，并分析共析钢的结晶过程。

6. 钢铁是如何分类的？在结晶过程中各有何特点？

单 元 收 获

请结合本单元学习目标和思维导图，归纳本单元各知识点的主要内容。

单元3 Unit 3

钢的热处理

【实例导入】

在古代，人们已经意识到热处理可以提高金属制品的性能和质量。例如，在《天工开物》中，明朝科学家宋应星描述了钢铁的热处理过程，包括加热、淬火和回火等步骤。他还提到，经过热处理的钢铁可以更加坚硬、锋利和耐用。

古代的一些著名武器和工具，如越王勾践剑（图3-1）、汉代环首刀和唐代陌刀等，都经过了热处理，使得它们的性能更加优越。在《唐六典》中也有记载，唐朝时期的一些工匠使用热处理技术制造了优质的钢制工具和武器。古代人们已经意识到热处理对金属制品的重要性，并已经广泛地应用了这一技术。

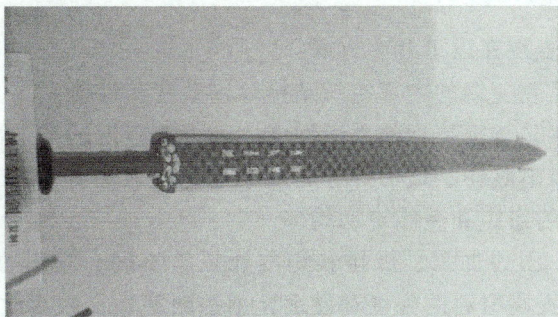

图 3-1　越王勾践剑

本单元主要介绍钢的热处理的基本概念、基本原理，以及常见热处理工艺及其应用。

【学习目标】

1. 了解热处理的基本原理和工艺曲线，理解钢在加热和冷却时的组织转变过程。
2. 掌握热处理的分类和应用，能够理解不同热处理工艺对材料组织和性能的影响。
3. 掌握金属材料的常见热处理工艺及其应用。
4. 能够根据零件的性能要求选择合适的热处理工艺。

通过以上学习目标，学生可以全面了解钢的热处理的基本知识和技能，为今后在机械制造等领域的工作打下坚实的基础。

模块 1　热处理概述

一、热处理的概念

热处理是采用适当的方式对金属材料或工件进行加热、保温和冷却以获得预期的组织结构与性能的工艺。热处理工艺曲线如图 3-2 所示。

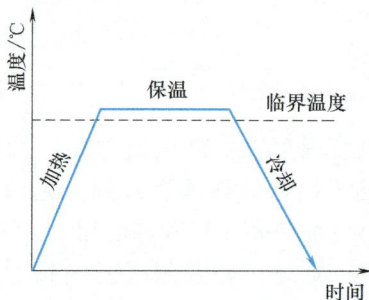

图 3-2　热处理工艺曲线

二、热处理的特点及作用

热处理的特点主要表现在以下几个方面：

1）热处理的目的是改变钢的内部组织结构，以改变其性能。

2）热处理不仅可以显著提高钢的力学性能，也可改善钢的工艺性能。

3）热处理工艺可以消除铸、锻、焊等热加工工艺造成的各种缺陷，细化晶粒、消除偏析、降低内应力，使钢的组织和性能更加均匀。

4）热处理与铸造、压力加工、焊接和切削加工等不同，它不改变工件的形状和尺寸，只改变工件的性能，如提高材料的强度和硬度，增加耐磨性，或者改善材料的塑性、韧性和加工性等。

热处理是改善金属材料使用性能和加工性能的一种重要的工艺方法。经过热处理的零件，可以使各种性能得到很大的改善和提高，充分发挥金属材料的潜力，延长机械的使用寿命和节约金属材料。因此，热处理在机械制造行业中应用广泛，在机床制造中有 60%~70% 的零件要经过热处理，在汽车、拖拉机制造业中需热处理的零件达 70%~80%，工模具、滚动轴承等 100%需经过热处理。总之，重要零件都需进行适当热处理后才能使用。

三、热处理的分类

根据加热和冷却方式的不同，热处理可以分为普通热处理（整体热处理）、表面热处理。普通热处理包括退火、正火、淬火和回火，这是热处理最基本的工艺，主要改变金属材料的整体组织结构及性能。表面热处理仅改变金属材料表面的组织和性能，主要包括表面淬火（感应淬火、火焰淬火等）和化学热处理（渗碳、渗氮和碳氮共渗等）。

　　根据热处理在生产流程中的位置和作用，热处理可以分为预备热处理和最终热处理。预备热处理安排在铸造、锻造和焊接之后，切削加工之前，主要作用是消除前一道工序所造成的某些组织缺陷及内应力，为随后的切削加工及最终热处理做准备。最终热处理的主要作用是使经过成形工艺达到要求的形状和尺寸后的零件达到所需要的使用性能。

模块2　热处理的基本原理

一、热处理加热的临界温度

　　铁碳合金相图中的 A_1、A_3 和 A_{cm} 线是反映不同含碳量的钢在极为缓慢加热或冷却时的相变温度。但钢在实际加热和冷却时不可能非常缓慢，因此，钢中的相转变不能完全按铁碳合金相图中的 A_1、A_3 和 A_{cm} 线，而有一定的滞后现象，即出现过热（加热时）或过冷（冷却时）现象。加热或冷却时的速度越大，组织转变偏离平衡临界点的程度也越大。为区别起见，把冷却时的临界点记作 Ar_1、Ar_3、Ar_{cm}；加热时的临界点记作 Ac_1、Ac_3、Ac_{cm}。钢在加热和冷却时的临界温度如图3-3所示。

二、钢在加热时的组织转变

　　加热是热处理的第一道工序。在多数情况下，热处理需要先加热得到全部或部分奥氏体组织，然后采用适当的冷却方法使奥氏体组织发生转变，从而使钢获得所需要的组织和性能。因此，钢在热处理时的加热过程就是奥氏体化过程。

　　钢加热时，奥氏体的形成过程符合相变的普通规律，即通过形核和长大来实现的。以共析钢为例，其在常温时具有珠光体组织，加热到 Ac_1 以上温度时，珠光体开始转变为奥氏体。只有使钢呈现奥氏体状态，才能通过不同的冷却方式转变为不同的组织，从而获得所需要的性能。由珠光体到奥氏体的转变是通

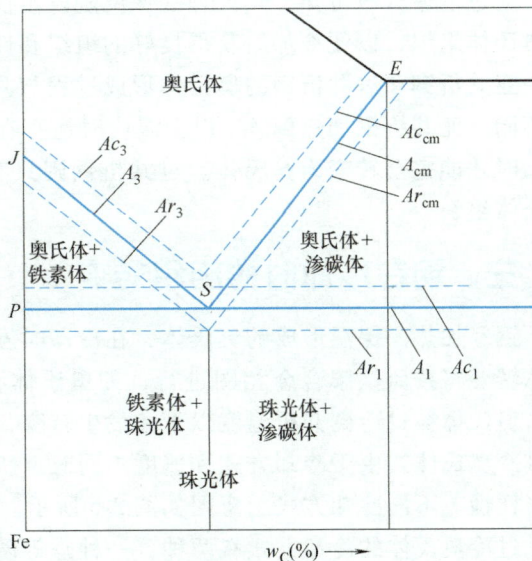

图3-3　钢在加热和冷却时的临界温度

过原子扩散来完成的，该过程可分为四个阶段：奥氏体晶核的形成、奥氏体晶核的长大、残余渗碳体的溶解、奥氏体成分的均匀化，如图3-4所示。

　　（1）奥氏体晶核的形成　在铁素体和渗碳体的相界面上首先出现许多奥氏体晶核。这是因为铁素体与渗碳体是两个具有不同晶体结构的相，在两相界面上有晶格扭曲或原子排列

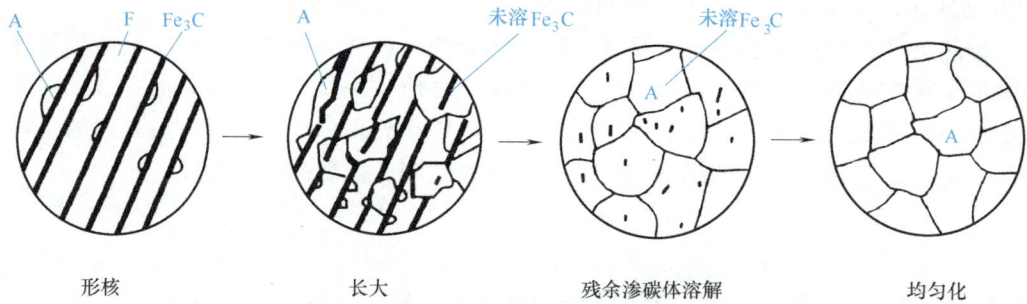

图 3-4　共析钢中奥氏体形成过程示意图

紊乱等缺陷，原子处于高能量状态，有利于奥氏体晶核形成。

（2）奥氏体晶核的长大　奥氏体晶核形成后，依靠铁素体的晶格改组和渗碳体的不断溶解，奥氏体晶核不断向铁素体和渗碳体两个方向长大，直至铁素体完全转变为奥氏体。

（3）残余渗碳体的溶解　铁素体向奥氏体转变的速度，比渗碳体溶解快，因此，铁素体消失后，仍有部分残余渗碳体还未完全溶解，随着保温时间的延长，未溶解的渗碳体继续不断地向奥氏体溶解，直至全部消失。

（4）奥氏体成分的均匀化　残余渗碳体完全溶解后，奥氏体中碳的浓度不均匀，由于在原渗碳体处的碳浓度高于原铁素体处的碳浓度，必须继续延长保温时间，通过碳原子的扩散才能获得均匀的奥氏体组织。

通过上述分析可知，热处理的保温阶段不仅是为了让工件热透，同时也是为了获得均匀的奥氏体组织，以便冷却后获得良好的组织和性能。

亚共析钢和过共析钢的奥氏体形成过程与共析钢基本相同，但其完全奥氏体化的过程有所不同。亚共析钢加热到 Ac_1 以上温度时还存在铁素体，这部分铁素体只有继续加热到 Ac_3 以上时才能完全转变为奥氏体。过共析钢则只有在加热温度高于 Ac_{cm} 时，才能获得单一的奥氏体组织。

三、钢在冷却时的组织转变

钢经加热、保温形成的奥氏体，在冷却时发生分解或转变，如果冷却速度非常缓慢，奥氏体转变将按照铁碳合金相图进行，即奥氏体在低温时将转变成珠光体；当冷却速度较快时，奥氏体被过冷到共析温度以下才发生转变，在共析温度以下暂存的、不稳定的奥氏体称为过冷奥氏体。由于冷却方式和速度不同时，所得到的组织和性能也就不同，从而导致材料的多样性。不同冷却方式示意图如图 3-5 所示。

过冷奥氏体的冷却方式有两种：一种是等温冷却转变，即将工件奥氏体化后，迅速冷却到临界点以下的一定温度进行保温，使过冷奥氏体发生等温转变；另一种是连续冷却转变，即将工件奥氏体化后，以一定的冷却速度连续冷却，使过冷奥氏体发生连续冷却转变。

1. 过冷奥氏体的等温转变

（1）过冷奥氏体等温转变曲线（奥氏体等温转变图）　用热分析法获得的奥氏体等温转变温度、时间、转变产物所占百分数三者之间关系的曲线，称为奥氏体等温转变图，由于曲线形状与字母 C 相似，故又称为 C 曲线，如图 3-6a 所示。

过冷奥氏体在各个温度下等温转变时，都要经过一段孕育期（转变开始线到纵坐标之间的时间），孕育期越长，过冷奥氏体越稳定，反之则不稳定。孕育期最短处，即 C 曲线的"鼻尖"处，过冷奥氏体最不稳定，转变最快。

过冷奥氏体在 A_1 线以下的不同温度范围内，可发生三种不同类型的转变：珠光体型转变（高温）、贝氏体型转变（中温）和马氏体型转变（低温），如图 3-6b 所示。

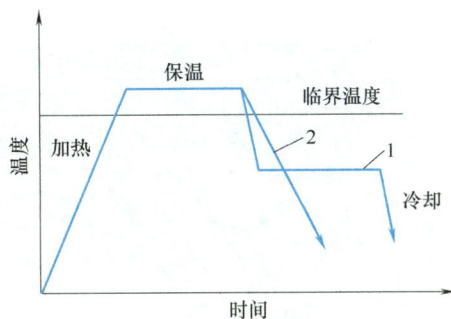

图 3-5 不同冷却方式示意图
1—等温冷却 2—连续冷却

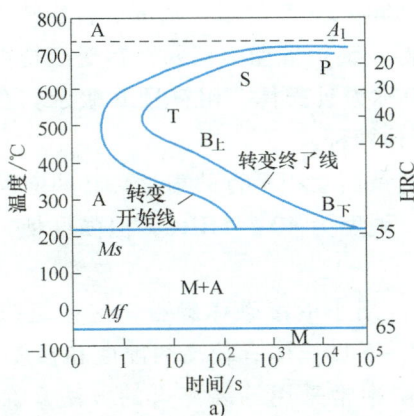

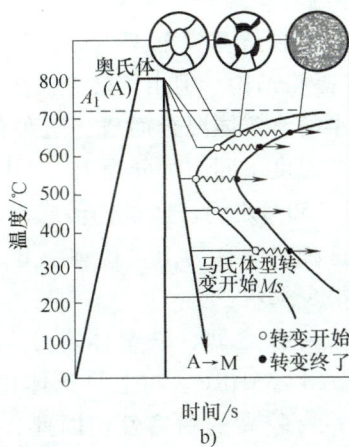

图 3-6 共析钢奥氏体等温转变图

（2）过冷奥氏体等温转变产物的组织和性能

1）高温等温转变区——珠光体型转变。

共析钢的过冷奥氏体在 $Ar_1 \sim 550℃$（鼻温）温度范围内，将发生奥氏体向珠光体转变。由于转变温度较高，原子有足够的扩散能力，能全部等温分解，最终形成铁素体+渗碳体组成的机械混合物，即珠光体型组织。在此温度范围内，由于过冷度不同，所得到珠光体的层片厚薄、性能也有不同，分为以下三类：

① 在 $Ar_1 \sim 650℃$ 之间，由于转变温度较高，转变产物为粗片状铁素体+粗片状渗碳体，即粗片珠光体组织。用低倍显微镜（低于 500 倍）就能分辨，硬度为 15~22HRC。

② 在 650~600℃ 之间，由于过冷度较大，生核较多，转变产物为层片较薄的铁素体和渗碳体交替而成的珠光体，只有在高倍（1000 倍左右）光学显微镜下才能分辨出片层。这种组织为细珠光体，也称为索氏体，用符号 S 表示，硬度为 22~27HRC。

③ 在 600~550℃ 之间，过冷度更大。转变的产物为层片极薄的铁素体和渗碳体交替而成的珠光体，即使在高倍光学显微镜下也无法分辨出珠光体片层，也称为托氏体（又称为屈氏体），用符号 T 表示，硬度为 27~43HRC。

图 3-7 所示为珠光体组织。珠光体、索氏体和托氏体实际上都是铁素体和渗碳体的机械混合物，仅片层粗细不同，并无本质差异。

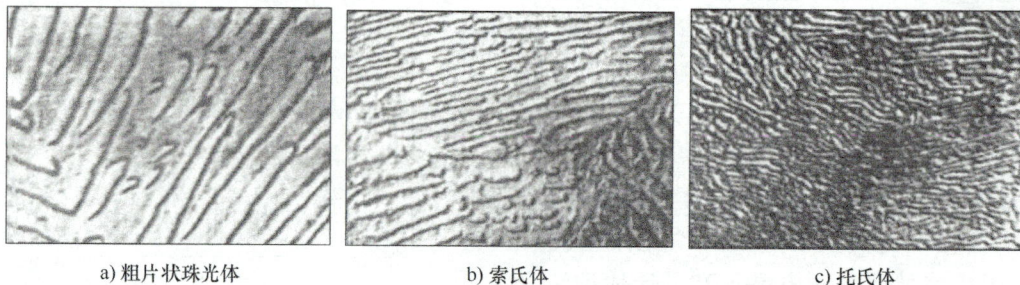

a) 粗片状珠光体   b) 索氏体   c) 托氏体

图 3-7   珠光体组织

2）中温等温转变区——贝氏体型转变。

转变温度在 C 曲线鼻尖至 Ms 点之间，即 550~230℃ 的温度范围。转变特点是：过冷度大，虽有 α-Fe 晶格结构，但由于转变温度较低，碳扩散能力减弱，转变产物由含碳量过饱和铁素体和微小的渗碳体混合而成。这种组织称为贝氏体，用符号 B 表示。在贝氏体转变区域，根据转变温度不同，可分为上、下贝氏体两种。

① 在 550~350℃ 之间，铁素体形成许多密集而互相平行的扁片，其间断断续续分布着渗碳体颗粒，这种组织称为上贝氏体（$B_上$），硬度为 40~45HRC，但强度低、塑性差、脆性大，生产上很少采用。

② 在 350℃~Ms 之间，铁素体内分布着极细小的渗碳体颗粒，这种组织为下贝氏体（$B_下$），硬度为 45~55HRC。与上贝氏体比较，下贝氏体有较高的硬度和强度，同时塑性、韧性也较好，并有较高的耐磨性。因此，生产中常采用等温淬火的方法来获得下贝氏体组织。

3）低温等温转变区——马氏体型转变。

转变温度在 Ms 及 Mf 之间。转变特点是：过冷度极大，转变温度很低，碳原子和铁原子的动能很小，都不能扩散，所以，奥氏体向马氏体转变，只发生 γ-Fe→α-Fe 的晶格转变，即铁原子做短距离的移动，而无碳原子的扩散，碳原子全部被迫过量地固溶在 α-Fe 晶格中。碳在 α-Fe 中的溶解度很小，常温下只有 0.008%，从而形成一种过饱和的固溶组织。这种碳在 α-Fe 中的过饱和固溶体称为马氏体，用符号 M 表示。马氏体的硬度高达 65HRC，热处理中的淬火就是为了得到马氏体组织。

共析钢奥氏体过冷到 230℃（Ms）时，开始转变为马氏体，随着温度下降，马氏体逐渐增多，过冷奥氏体不断减少，直至 -50℃（Mf）时，过冷奥氏体才全部转变成马氏体。所以 Ms 与 Mf 之间的组织为马氏体和残留奥氏体。

2. 过冷奥氏体的连续冷却转变

将奥氏体化后的钢件以一定的冷却速度从高温一直连续冷却到室温，在连续冷却过程中完成的组织转变，称为连续冷却转变。实际生产中，过冷奥氏体大都是在连续冷却中转变的，因此研究过冷奥氏体在连续冷却时组织转变的规律有重要的意义。

在热处理生产中，通常采用连续冷却的方式，如炉冷、空冷、水冷等。因为连续冷却转变曲线测定较难，生产中常用等温转变曲线定性地估计连续冷却转变，即将连续冷却时的冷却速度线画在等温转变图上。图 3-8 所示为共析钢等温转变图在连续冷却转变中的应用。

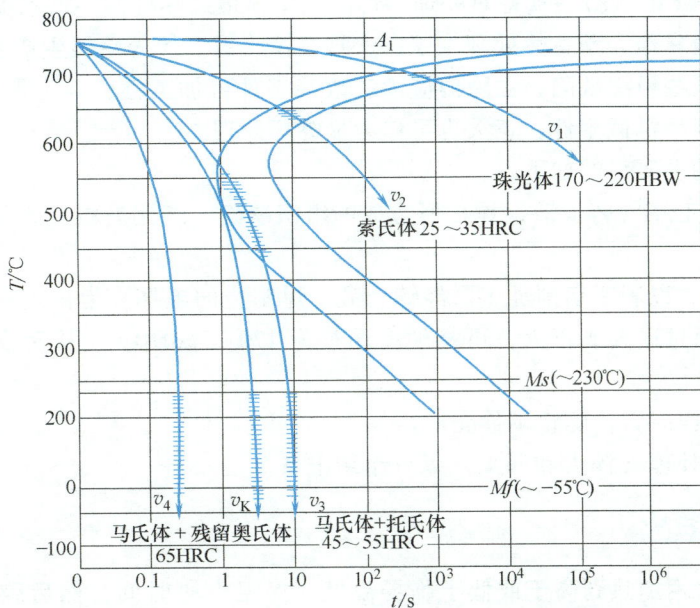

图 3-8 共析钢等温转变图在连续冷却转变中的应用

根据冷却速度线和等温曲线的相交位置，大致可估计出产物可能得到的组织和性能，对制订热处理工艺有重要意义。

图 3-8 中，冷却速度 $v_1<v_2<v_3<v_4$，它们分别表示不同的冷却速度。

v_1 冷却曲线：相当于炉冷（退火）情况。它与 C 曲线相交于 650~700℃，估计转变产物为粗片状珠光体。

v_2 冷却曲线：相当于空冷（正火）情况。它与 C 曲线相交于 600~650℃，估计转变后产物为细片状珠光体，即索氏体。

v_3 冷却曲线：相当于油冷（淬火）情况。它只与 C 曲线开始转变线相交于鼻尖附近，随后又与 Ms 线相交，估计转变产物为托氏体和马氏体。

v_4 冷却曲线：相当于水冷（淬火）情况。它不与 C 曲线相交，而直接与 Ms 相交并继续冷却，估计转变后组织为马氏体和残留奥氏体。

v_K（$v_{临}$）冷却曲线：冷却速度曲线恰恰与 C 曲线相切，这时的冷却速度为由奥氏体直接得到马氏体的最小冷却速度，称为临界冷却速度。凡是大于 v_K 的冷却速度都可以转变为马氏体组织。

连续冷却转变由于是在一个温度范围内进行的，往往得到混合组织，如珠光体+索氏体，托氏体+马氏体等，而过冷奥氏体在等温转变时转变为单一的组织。

模块3 钢的退火和正火

机械零件或工模具在制造过程中会有许多冷、热加工工序，一般零件的加工路线为

毛坯（铸、锻）→预备热处理→切削加工→最终热处理→磨削加工

退火和正火通常作为预备热处理工序，安排在铸、锻、焊等毛坯生产之后或者切削加工之前，用于消除某些组织缺陷、去除内应力，改善工件可加工性，并为最终热处理做准备。对于性能要求不高的机械零件，正火也可作为最终热处理。

退火和正火的主要目的如下：

1）消除前道工序（铸、锻、焊）所造成的组织缺陷，细化晶粒，改善组织，提高力学性能。

2）调整硬度，以利于切削加工。经铸、锻、焊制造的毛坯，常出现硬度偏高、偏低或不均匀的现象，通过退火或正火，可将硬度调整为 170~250HBW，从而改善工件的切削加工性能。

3）消除残余内应力，防止工件变形。

4）为最终热处理（淬火和回火）做好组织准备。

一、钢的退火

钢的退火是将钢加热到高于或低于临界温度，保温一段时间，然后缓慢冷却（如随炉或埋入导热性能较差的介质中），从而获得接近于平衡组织的一种热处理工艺。

由于退火可获得接近平衡状态的组织，因此与其他热处理工艺相比较，退火钢的硬度最低，既可以全部消除内应力，也可以提高钢材冷变形后的塑性；由于退火过程中发生重结晶，故还可细化晶粒，改善组织。

退火工艺的分类较多，根据加热温度可分为两大类：一类是在临界温度（Ac_1 或 Ac_3）以上的退火，包括完全退火、不完全退火、球化退火和扩散退火等；另一类是在临界温度以下的退火，包括再结晶退火及去应力退火等。根据冷却方式不同，退火又可分为连续退火和等温退火等。

（1）完全退火 指将亚共析钢工件加热到 Ac_3 以上 30~50℃进行完全奥氏体化，保温一定时间，然后缓慢冷却（随炉冷却或埋入石灰和砂中冷却）以获得接近平衡组织的热处理工艺，又称为重结晶退火。完全退火后钢获得铁素体和层片状珠光体组织。

完全退火是应用最广泛的退火方法，主要用于亚共析钢的铸件、锻件、热轧件，有时也用于焊件，其目的是通过重结晶细化晶粒、均匀组织、消除应力、降低硬度，以利于切削加工。

对于过共析钢，采用完全退火会析出网状渗碳体（二次渗碳体），使钢的力学性能变坏，因此完全退火不能用于过共析钢。

（2）不完全退火 不完全退火是将钢加热至 Ac_1~Ac_3（亚共析钢）或 Ac_1~Ac_{cm}（过共析钢）之间，保温后缓慢冷却，以获得接近平衡组织的热处理工艺。

不完全退火的目的主要是降低硬度、改善切削加工性能、消除内应力，主要应用于中、高碳钢及低合金钢的锻轧零件。

（3）球化退火 球化退火是将共析或过共析钢工件加热到 Ac_1 以上 20~30℃，保温后，以极慢的冷速通过 A_1，使珠光体中的片状渗碳体和网状二次渗碳体成为球状或粒状。球化退火加热时，未完全奥氏体化，因此属于不完全退火。球化退火后的显微组织为在铁素体基体上分布着细小均匀的球状渗碳体，称为球化体或球状珠光体。

球化退火主要用于高碳钢、高碳合金钢工件（如工具、模具、滚动轴承等）及某些冷挤压成形的低、中碳结构钢工件。

由于硬而脆的网状渗碳体存在，在切削加工时对刀具磨损很大，同时还增加了淬火时变形及开裂的倾向。通过球化退火可使钢中碳化物呈球状，以降低硬度，改善切削加工性能，并为以后的淬火做好组织准备。

为了便于球化过程的进行，对于网状严重的过共析钢，应在球化退火之前进行一次正火，以消除网状渗碳体，利于球化。

（4）去应力退火（低温退火）　去应力退火是将钢加热到 $500 \sim 650℃$，经适当保温后，随炉缓冷到 $200 \sim 300℃$，最后出炉在空气中冷却。去应力退火是在 A_1 以下进行的，又称为低温退火，组织并未发生变化。

去应力退火可以消除铸件、锻件、焊件、热轧件、冷拉件等 $50\% \sim 80\%$ 的残余内应力，避免工件在使用或随后的加工过程中产生变形或开裂。

二、钢的正火

正火是将钢加热到 Ac_3（亚共析钢）或 Ac_{cm}（过共析钢）以上 $30 \sim 50℃$ 的温度，保温一定时间，使之完全奥氏体化，然后从炉中取出在空气中冷却的一种热处理工艺。对于大件，也可采用鼓风或喷雾等方法冷却，以得到珠光体型组织。

正火工艺简单、经济，在生产中应用广泛，主要用于以下几个方面：

1）提高低碳钢的切削加工性能。对碳的质量分数低于 0.25% 的低碳钢或低碳合金钢，由于完全退火后硬度太低，一般在 120HBW 以下，其切削加工性能不好，而用正火则可将硬度提高至 $140 \sim 190$HBW，从而改善切削加工性能。所以，对于低碳钢和低碳合金钢，通常采用正火来代替完全退火作为预备热处理。

2）正火可以消除中碳钢热加工缺陷。中碳钢铸、锻、焊件在热加工后容易出现魏氏体组织、粗大组织、带状组织、网状组织等缺陷，通过正火可以消除上述缺陷。

3）消除过共析钢的网状碳化物。所有的钢铁材料通过正火，均可使晶粒细化。原始组织中存在网状二次渗碳体的过共析钢，经正火处理后可消除对性能不利的网状二次渗碳体，以保证球化退火质量。某些非合金钢、低合金钢的淬火返修件，也可采用正火消除内应力并细化组织，以防止重新淬火时产生变形或开裂。

4）作为最终热处理。对于力学性能要求不高的结构钢零件，经正火后所获得的性能即可满足使用要求，可用正火作为最终热处理。

正火只适用于碳钢及低、中合金钢，而不适用于高合金钢。因为高合金钢的奥氏体非常稳定，即使在空气中冷却也会获得马氏体组织。

正火与退火的主要区别在于冷却速度不同。正火与退火所得到的均是珠光体组织，但与退火相比，正火的冷却速度较快，转变温度较低，组织较细且先共析相数量少，珠光体组织数量多，因而强度和硬度也较高。正火是在炉外冷却，不占用加热设备，工艺操作简单，设备利用率高，生产效率高，能量消耗少，生产周期短，比较经济。因此，在条件允许的情况下，应尽量选择正火。

对于亚共析钢，正火的目的主要是细化晶粒，均匀组织，提高力学性能，对于力学性能要求不高的普通结构钢零件，正火可作为最终热处理；对于低中碳结构钢，由于硬度偏低，在切削加工时易产生粘刀现象，增大表面粗糙度，正火的目的主要是提高硬度，改善切削加工性能，因此低碳钢多采用正火来代替退火，高碳钢则应采用退火；对于过共析钢，由于正火冷却速度较快，可使钢中渗碳体沿晶界析出，不能形成连续的网状结构，而是呈断续的链条状分布，有利于球化退火，为淬火做组织准备。

常用退火和正火工艺示意图如图3-9所示。

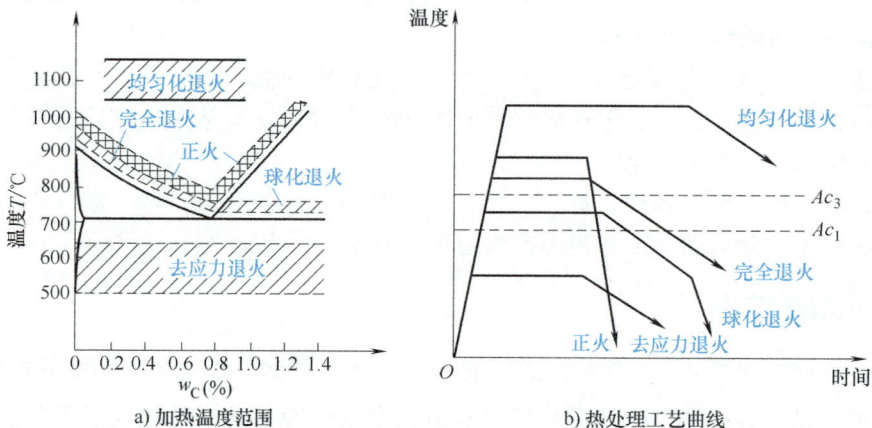

图 3-9　常用退火和正火工艺示意图

模块 4　钢的淬火

一、淬火的概念及工艺

1. 淬火的定义

淬火是指将钢加热到 Ac_3（亚共析钢）或 Ac_1（过共析钢）以上 $30\sim50℃$，保温一定时间后，以大于临界冷却速度冷却，以获得马氏体或下贝氏体组织的热处理工艺。

2. 淬火的目的

淬火是为了获得马氏体或下贝氏体组织，随后配合适当的回火工艺，以获得多种多样的使用性能，满足各类零件的或工具、模具的使用要求。例如，刃具和量具要求有高的硬度和耐磨性，各种轴和齿轮等要求有较好的强韧性等，都是通过淬火和回火工艺实现的。淬火是强化钢材的主要手段，是热处理中应用最广的工艺方法。淬火通常作为最终热处理。

3. 淬火工艺

（1）淬火加热温度　淬火加热温度的确定应以获得均匀细小的奥氏体晶粒为原则，淬火加热的温度即钢的奥氏体化温度，为淬火的主要工艺参数之一。

钢的成分不同，淬火加热温度也不同。碳钢的加热温度主要根据钢中碳的质量分数，由铁碳合金相图来确定。图3-10所示为碳钢的淬火加热温度范围。

对于亚共析钢，适宜的淬火加热温度为 Ac_3 以上 30~50℃，在此温度范围内淬火后可获得均匀细小的马氏体组织。如果亚共析钢的加热温度过低（在 Ac_1~Ac_3 之间），在淬火组织中将出现未溶铁素体，造成淬火硬度不足，使钢的硬度下降。如果亚共析钢加热温度远远超过 Ac_3 以上，会使奥氏体晶粒粗大，淬火后得到粗大的马氏体组织，使钢的力学性能恶化，塑性和韧性降低，易导致工件变形和开裂。

对于共析钢和过共析钢，适宜的淬火加热温度为 Ac_1 以上 30~50℃，淬火后的组织为细小针状的马氏体（隐晶马氏体）和细颗粒状二次渗碳体。渗碳体比马氏体硬，有利于提高钢的硬度和耐磨性。

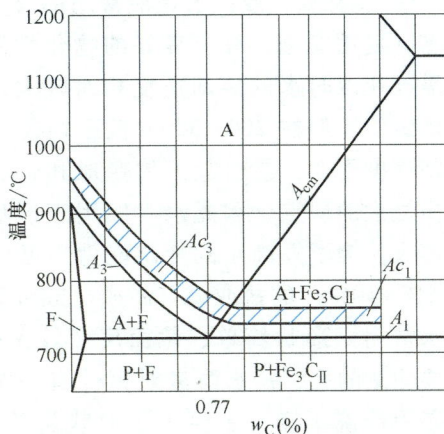

图 3-10 碳钢的淬火加热温度范围

如果加热温度过高（在 Ac_{cm} 以上），不仅会得到粗片状马氏体组织，增大脆性，而且由于奥氏体含碳量过高，淬火后钢中残留奥氏体量增多，使钢的硬度、韧性和耐磨性降低。若淬火加热温度过低，则可能得到非马氏体组织，钢的硬度达不到要求。

对于合金钢，由于合金元素对奥氏体化有延缓作用，加热温度应比碳钢高一些，尤其是高合金钢的淬火加热温度远高于 Ac_1，同样能获得均匀而细小的奥氏体晶粒，这与合金元素在钢中的作用有关。

生产中，淬火加热温度的确定尚需考虑工件的形状、尺寸，淬火冷却介质和技术要求等因素。

（2）淬火加热保温时间 淬火加热保温时间是指从炉温指示仪表达到规定温度至工件出炉之间的时间，包括加热升温时间与保温时间。加热保温时间与工件的形状、尺寸，装炉方式，装炉量，加热炉类型和加热介质等因素有关，一般用经验公式确定，即

$$t = k\alpha D$$

式中　t——淬火加热保温时间（min）；

　　　k——装炉系数；

　　　α——加热系数（min/mm）；

　　　D——工件有效厚度（mm）。

装炉系数、加热系数的数据和工件有效厚度的计算可查阅有关资料。

（3）淬火冷却介质 工件进行淬火冷却时所用的介质称为淬火冷却介质。

为了保证淬火后得到马氏体组织，淬火的冷却速度必须大于该钢种的临界冷却速度，但过快的冷却速度不可避免会造成较大的淬火内应力，引起工件变形和开裂。

所谓理想冷却，从理论分析即在 C 曲线的鼻尖以上温度缓慢冷却，减小急冷所产生的热应力，在鼻尖处（550~650℃）冷却要快，保证过冷奥氏体不发生分解，而在进行马氏体转变时（200~300℃），冷却速度应尽量慢，以减小组织转变应力，如图 3-11 所示。

目前，还没有找到完全理想的淬火冷却介质。生产中常用的冷却介质有水及水溶液、油、盐浴或碱浴等。

① 水及水溶液：水是最常用的淬火冷却介质，它来源丰富，使用安全，具有良好的物化性能。在 400～650℃ 范围需要快冷时水的冷却速度相对较大，能保证工件获得马氏体组织，但在 200～300℃ 范围内需要慢冷时，水的相对冷却速度更大，易引起工件变形和开裂，这是水作为冷却介质最大的弱点。因此水一般用于形状简单的非合金钢件的淬火。为了提高水的冷却能力，可加入少量（质量分数为 5%～10%）的盐或碱，制成盐或者碱的水溶液。盐水和碱水常用于形状简单、截面尺寸较大的碳钢工件的淬火。需要注意的是，盐水溶液对钢件有一定的腐蚀作用，淬火后必须清洗干净，主要用于形状简单的低、中碳钢工件。碱水溶液对工件、设备及操作者腐蚀性大，主要用于易产生淬火裂纹的工件。

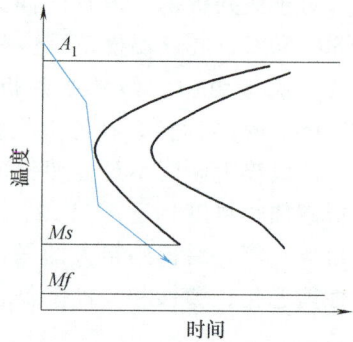

图 3-11　理想的淬火冷却速度

② 油：各种矿物油也是常用的淬火冷却介质。油在 200～300℃ 温度范围内的冷却速度小于水，可大大减小淬火钢件的变形、开裂倾向；但在 550～650℃ 鼻尖温度范围内的冷却速度比水要小得多。因此，油常用作合金钢件（等温转变图偏右）的淬火冷却介质。用油淬火的钢件需要清洗，油质易老化，这是油用作淬火冷却介质的不足。

使用水、油作为淬火冷却介质时，有"冷水热油"之说。即水温越低，其冷却能力越强，在生产中常采用循环冷却的方法使水温保持为 15～30℃；而油温升高时，其黏度下降，流动性更好，冷却能力反而提高。但油温过高时易着火，因此一般将油温控制为 60～80℃。

③ 盐浴或碱浴：为了减小工件淬火时的变形，可采用盐浴或碱浴作为淬火冷却介质，如熔融的 $NaNO_3$、KNO_3 等，主要用于形状复杂、尺寸较小、变形要求严格的工件的分级淬火和等温淬火，它们的冷却能力介于水和油之间。

近年来出现了一些新型淬火冷却介质，如专用淬火油、高速淬火油、光亮淬火油、真空淬火油、过饱和硝盐水溶液、高分子聚合物水溶液等，它们的冷却特性优于普通的水和油，已在生产中获得了广泛应用，如由聚烷撑乙二醇、水和添加剂组成的聚合物水溶液（PAG）。

二、常用的淬火方法

由于常用淬火冷却介质不能完全满足要求，除不断探索新的淬火介质外，还必须从淬火方法上加以改进，即利用现有各种淬火介质的不同特点，扬长避短，以保证淬火质量。

1. 单液淬火

将加热保温后的工件放入一种淬火介质中连续冷却至室温的淬火工艺。通常碳钢用水淬，合金钢用油淬，如图 3-12 中的曲线 a 所示。

单液淬火操作简单，易实现机械化与自动化，适用于形状简单的碳钢和合金钢工件，但此法水冷变形大，油冷难淬硬，易产生淬火缺陷，可将油、水双冷结合起来进行双液淬火。

2. 双液淬火

将钢件加热到奥氏体化温度后，保温适当时间，先浸入冷却能力强的介质中，在组织即将发生马氏体转变前立即转入冷却能力弱的介质中，这种淬火工艺称为双液淬火，如图 3-12 中的曲线 b 所示。例如碳钢的水-油淬火，合金钢的油-空气淬火等。此法既可使工件淬硬，又能减少淬火的内应力，有效地防止产生淬火裂纹。但是这种方法必须准确掌握工件由第一种介质转入第二种介质的时机，如果转入过早，则温度尚处于等温转变图"鼻尖"以上温度，取出缓慢冷却时可能发生非马氏体组织转变，从而达不到淬火目的；如果转入过晚，温度已低于 Ms，则已发生了马氏体转变，就失去了双液淬火的作用。在生产中，主要靠经验保证双液淬火的效果。双液淬火的缺点是操作困难，要求技术熟练，主要用于形状复杂的高碳工具钢（如丝锥、板牙等）和尺寸较大的合金钢工件。

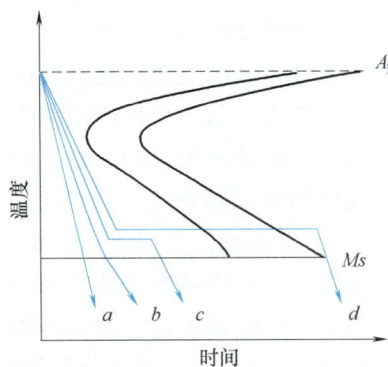

图 3-12 常用淬火方法的冷却曲线

3. 分级淬火

分级淬火是将加热到淬火温度的工件先投入温度稍高（或稍低）于 Ms 点的盐浴或碱浴中快速冷却并停留一段时间，待其表面与心部均达到介质温度后取出空冷，使之发生马氏体转变，如图 3-12 中的曲线 c 所示。由于组织转变几乎同时进行，因此它比双液淬火进一步减少了内应力，降低了变形和开裂的倾向，而且操作较容易，但由于盐浴、碱浴的冷却能力较小，故只适用于形状较复杂、尺寸较小的工件。

4. 等温淬火

等温淬火是将加热到淬火温度的工件淬入温度稍高于 Ms 的盐浴或碱浴中冷却并保持足够时间，使过冷奥氏体等温转变为有高强韧性的下贝氏体组织，然后取出空冷的淬火方法，如图 3-12 中的曲线 d 所示。等温淬火由于淬火内应力小，能有效地防止变形和开裂。此法的缺点是生产周期较长且需要一定设备。常用于薄、细且形状复杂、尺寸精度高，并且要求韧性高的工件，如成形刀具、模具和弹簧等。

三、钢的淬透性与淬硬性

钢淬火的目的是获得马氏体组织，但并非任何钢种、任何成分的钢在淬火时都能在整个截面上得到马氏体，这是由于淬火冷却时表面与心部冷却速度有差异。只有冷却速度大于临界冷却速度的部分才有可能得到马氏体组织。

淬透性是指钢在淬火时获得淬硬层深度的能力。一般规定从工件表层深入到半马氏体区（马氏体与非马氏体组织各占一半的地方易测定硬度）的深度为淬硬层深度。淬硬层越深，就表明钢的淬透性越好，如果淬硬层深度达到心部，则表明该钢全部淬透。

钢的淬透性好坏对力学性能影响很大。当工件整个截面都淬透时，回火后表面和心部得到完全一致的力学性能。若不能全部淬透，表面和心部的组织不同，回火后的性能就不一致，未淬透部分的屈服强度、冲击韧性会显著下降。然而，生产实践表明，并非所有的机械零件都必须完全淬透。例如，承受弯、扭应力的轴类零件，表面热处理的零件等，只需要一定深度的淬硬层就已满足使用要求，就可选用低淬透性的钢，不必强调全部淬透。

钢的淬透性主要取决于临界冷却速度，临界冷却速度越小，过冷奥氏体越稳定，钢的淬透性就越好，反之，则降低钢的淬透性。因此，除 Co 以外，大多数合金元素都能显著提高钢的淬透性。

钢的淬透性与淬硬性是两个不同的概念。淬硬性指淬火后获得的最高硬度，主要取决于马氏体中的含碳量，合金元素对淬硬性没有显著影响，但对淬透性却有很大影响。淬透性好的钢，它的淬硬性不一定高。

淬透性是钢的主要热处理性能，直接影响其热处理后的力学性能。淬透性高的钢，整个截面都被淬透，其力学性能沿截面分布是均匀的；淬透性低的钢，由于未能淬透，其力学性能沿截面分布是不均匀的，越靠近心部，力学性能越差，尤其是韧性相差更明显。因此，在零件选材和制订热处理工艺时，必须考虑钢的淬透性。

1）对于截面尺寸较大、形状较复杂的重要零件，以及受力较大而要求截面力学性能均匀的零件，应选用高淬透性的钢制造。例如，受拉伸、压缩及冲击载荷的零件，其应力分布是均匀的，因此要求整个截面淬透。

2）对于受弯曲、扭转载荷的零件，如多数轴类零件，由于应力主要分布于表层，因此淬硬层深度一般为工件半径的 $1/3 \sim 1/2$，不必苛求高淬透性。例如，45 钢在水中淬火的临界直径不到 20mm，但可制造 $\phi 40 \sim \phi 50mm$ 的车床主轴。

3）对于焊接结构件，不应选用淬透性较高的钢材。因为淬透性高的钢在焊后空冷时，在焊缝和热影响区容易出现马氏体组织，将诱发焊接冷裂纹。

4）热处理尺寸效应。工件尺寸越大，其热容量越大，在相同的淬火冷却介质中冷却后的淬透层越浅，力学性能越低。这种随工件尺寸增大而使热处理强化效果减弱的现象称为尺寸效应。因此，不能将手册中查到的小尺寸试样的性能数据直接用于实际生产中的大尺寸零件。但是，合金元素质量分数高、淬透性高的钢，尺寸效应不明显。

四、淬火缺陷及预防

淬火要获得最大的淬硬层深度，必须采用冷却能力强的淬火冷却介质。但冷却速度越快，淬火过程中所产生的内应力就越大，导致工件发生变形及开裂。

（1）变形与开裂　工件在淬火冷却介质中迅速冷却时，在工件内沿截面产生一定的温度梯度，表面温度低，心部温度高，存在温度差，因而沿工件截面不同部位热胀冷缩不一致，于是在工件不同部位将产生内应力（热应力）；同时还可能出现温度下降快的部位温度低于 Ms 线，发生马氏体型转变，体积胀大，而温度高的部位温度尚高于 Ms 线，仍处于奥氏体状态，由于不同部位比体积（比容）变化的不同也将产生内应力（组织应力）。

淬火冷却时，工件在内应力（热应力+组织应力）的作用下可能使工件局部发生塑性变形，如果瞬间内应力超过钢材的开裂强度，则将产生淬火裂纹。

（2）减少变形与开裂的措施

① 合理选择钢材与正确设计零件。对于形状复杂、各部位截面尺寸相差较大而又要求变形极小的工件，应选用淬透性较好的合金钢，以便能在缓和淬火冷却介质中冷却。零件设计时应尽量减少截面尺寸的突变，避免薄片和尖角，必要时截面变化应平滑过渡，形状尽可能对称，有时可适当增加工艺孔。

② 正确锻造和进行预备热处理。对于高合金工具钢，制造工艺的正确执行十分重要，锻造时必须尽可能改善碳化物的大小和分布，使之达到规定的要求。高碳钢的球化退火有助于减小淬火变形。采用消除内应力退火，可减小机械加工造成的内应力，也可减小淬火变形。

③ 采用合理的热处理工艺。为了减少淬火变形，可适当降低淬火温度。对于形状复杂或用高合金钢制作的工件，应进行一次或多次预备热处理。分级淬火和等温淬火也可以减少

淬火时的变形。淬火后立即进行回火，也可有效地预防变形和开裂。

模块5　钢的回火

工件淬火后，其性能硬而脆，并存在着由于冷却过快而造成的内应力，往往会引起工件变形甚至开裂。因此，经过淬火后的钢应及时进行回火。

一、回火的目的

回火就是将淬火后的钢重新加热到 Ac_1 以下的某一温度，保温一段时间，然后置于空气或水中冷却的热处理工艺。

回火的目的是：

1）降低淬火钢的脆性和内应力，防止变形或开裂。

2）调整和稳定淬火钢的结晶组织，稳定工件尺寸，使工件不再发生形状的改变。

3）获得工件所需要的不同的力学性能。淬火钢经回火后，其硬度随回火温度的升高而降低。通过适当的回火可获得所要求的强度、硬度、塑性和韧性，以满足工件的不同使用要求。

二、钢在回火时的组织转变

淬火后得到的马氏体和残留奥氏体组织是不稳定的，有自发向稳定组织转变的倾向，淬火后的钢重新在 Ac_1 以下某一温度加热时，随着加热温度的升高，钢的组织将发生以下四个阶段的变化。

（1）马氏体的分解（100~200℃）　淬火马氏体在该温度范围内加热保温时，马氏体中的碳将以细小的过渡碳化物 $Fe_{2.4}C$ 的形式析出，从而降低了马氏体中碳的过饱和度，得到由过饱和度降低的马氏体和细小的过渡碳化物 $Fe_{2.4}C$ 组成的组织，称为回火马氏体。由于过渡碳化物 $Fe_{2.4}C$ 的析出，使得晶格畸变程度降低，淬火应力有所减小，塑性、韧性有所提高，但硬度并没有降低。

（2）残留奥氏体的转变（200~300℃）　在200~300℃时，在马氏体分解的同时，降低了对残留奥氏体的压力，残留奥氏体转变为下贝氏体。在此温度范围内回火，淬火应力进一步减小，马氏体分解造成的硬度降低被残留奥氏体分解引起的硬度升高所补偿，故钢的硬度没有明显下降。

（3）碳化物的转变（300~400℃）　在300~400℃时，由于碳的扩散能力增加，过渡碳化物 $Fe_{2.4}C$ 将逐渐转变为稳定的碳化物 Fe_3C。由于碳原子的不断析出，原来的过饱和 α 固溶体的含碳量已降到平衡值而成为铁素体，但形态仍呈针状。于是得到由针状铁素体和极细小的粒状 Fe_3C 组成的组织，称为回火托氏体。这时钢的硬度降低，塑性、韧性进一步提高，淬火应力基本消除。

（4）渗碳体聚集长大和铁素体相再结晶（>400℃）　400℃以上时，高度弥散分布的极细小粒状渗碳体逐渐转变为较大粒状渗碳体，到600℃以上渗碳体迅速粗化。此外，在

450℃以上铁素体发生再结晶，其形态由针状转变为块状（多边形）。这种在多边形铁素体基体上分布着粗粒状渗碳体的复相组织，称为回火索氏体。此时，淬火应力完全消除，硬度明显下降，韧性明显改变。

三、回火的种类及应用

根据工件的不同性能要求，按回火温度的范围，回火可分为以下三种。

（1）低温回火　低温回火的回火温度为150～250℃，组织为回火马氏体。低温回火主要是为了降低淬火钢的应力和脆性，提高韧性，而保持高硬度和耐磨性。它主要用于各类高碳钢的刀具、冷作模具、量具、滚动轴承及表面热处理后的工件等。

（2）中温回火　中温回火的回火温度为350～500℃，组织为回火托氏体。中温回火可显著减少工件的淬火应力，具有较高的弹性极限和屈服极限，并有一定的韧性。它主要应用于各种弹簧、弹性夹头及锻模的处理。

（3）高温回火　高温回火的回火温度为500～650℃，组织为回火索氏体。高温回火可使工件获得强度、硬度、塑性、韧性都较好的综合力学性能。常用于受力情况复杂的重要零件，如各种轴类、齿轮、连杆等。淬火后高温回火的热处理称为调质处理，简称调质。

四、回火脆性

淬火钢回火时，随着温度的升高，通常强度、硬度降低，而塑性、韧性提高。但在某些温度范围内钢的韧性有下降的现象，这种现象称为回火脆性。按温度范围，回火脆性可分为不可逆回火脆性和可逆回火脆性。

（1）不可逆回火脆性　淬火钢在250～350℃之间回火时出现的回火脆性，称为不可逆回火脆性或第一类回火脆性。几乎所有的钢都存在这类回火脆性，由于这类回火脆性是不可逆的，因此一般应避免在此温度范围内回火。

（2）可逆回火脆性　一些合金钢，尤其是含Cr、Mn、Ni等合金元素的钢，淬火后在450～650℃之间回火时也会产生回火脆性，称为可逆回火脆性或第二类回火脆性。这类回火脆性是可逆的，生产中可采用快速冷却或在钢中加入W、Mo等合金元素来有效地抑制这类回火脆性。

模块6　钢的表面热处理

普通热处理方法，往往不能同时提高钢的硬度与韧性。然而，有些零件既要求具有耐磨的高硬度，又要求具有抗冲击的高韧性，如齿轮；另外，在扭转和弯曲交变载荷、冲击载荷作用下工作的零件，表层承受着比心部高的应力。因此对零件的表面层提出了强化的要求，即零件表面具有高的强度、硬度、耐磨性和疲劳极限，而心部仍保持足够的塑性和韧性，即表硬里韧的性能。要达到上述要求，仅从选材方面去解决是很困难的。各种齿轮、凸轮、顶杆、套筒及轧辊等零件，经常通过表面热处理进行强化。

表面热处理是指不改变工件的化学成分，仅为改变工件表面的组织和性能而进行的热处理工艺。表面热处理包括表面淬火和化学热处理。

一、表面淬火

表面淬火是强化金属材料表面的重要手段之一。在实际生产中，许多工件是在弯曲、扭转载荷下工作，同时受到磨损和冲击，这就要求工件表面一定深度范围内具有高硬度、高强度和耐磨性，而心部保持高的塑性和韧性。经表面淬火的工件不仅提高了表面硬度、耐磨性，而且与经过适当预备热处理的心部组织相配合，可以获得很好的韧性和高的疲劳强度。表面淬火是指在不改变钢的化学成分及心部组织的情况下，使工件表面迅速升温至淬火温度（奥氏体化）而工件心部仍处于 A_1 线以下时立即快速冷却，使工件表面层获得硬而耐磨的马氏体组织，而心部组织仍然不变的热处理工艺。表面淬火的特点是加热速度快，热处理变形小，强化效果显著，设备的机械化、自动化程度高，生产率高，所以在机械制造业中得到广泛应用。

表面淬火用钢一般为 $w_C = 0.4\% \sim 0.5\%$ 的中碳钢或中碳合金钢，例如 45 钢、40Cr、42Mn 等。如果碳的质量分数过高，虽可提高表面硬度和耐磨性，但心部的塑性和韧性较低。反之，若碳的质量分数过低，会使表面硬度和耐磨性不足。

根据加热方式不同，表面淬火方法主要有感应淬火、火焰淬火、激光淬火、接触电阻加热淬火、电子束淬火、电解液淬火，其中前两种应用最为广泛。

1. 感应淬火

感应淬火是利用感应电流通过工件所产生的热量，使工件表层、局部或整体加热并快速自冷的淬火。

将工件放在感应线圈内，如图 3-13 所示，感应线圈中通入一定频率的电流，在工件中就会产生感应电流（涡流）。涡流在工件截面上的分布是不均匀的，心部电流密度几乎等于零，而表面电流密度极大（称为趋肤效应），频率越高，电流密度极大的表面层越薄。依靠这种电流和工件本身的电阻，使工件在几秒钟内迅速加热到淬火温度，而心部温度仍接近室温，然后立即冷却，使工件表面淬硬。

感应电流透入工件表层的深度取决于电流频率，频率越高，电流透入深度越浅，即淬硬层越薄。因此可采用不同频率来得到不同要求的淬硬深度。根据所用电流的频率不同，感应加热可分为以下三类。

（1）高频加热 常用频率为 $200 \sim 300 \text{kHz}$，淬硬深度为 $0.5 \sim 2 \text{mm}$，适用于中、小型零件，如小模数齿轮、轴类等。

（2）中频加热 常用频率为 $2500 \sim 8000 \text{Hz}$，淬硬深度为 $2 \sim 10 \text{mm}$，适用于直径较大的轴类和大、中模数齿轮，以及钢轨、机床导轨等。

（3）工频加热 电流频率为 50Hz，不需要变频设备，工业用普通交流电即可，适用于淬硬深度为 $10 \sim 20 \text{mm}$ 及以上的大型工件或用于穿透加热，如火车车轮等。

感应淬火对工件的原始组织有一定要求。一般钢件应预先进行正火或调质处理，铸铁件的组织应是珠光体基体和细小且均匀分布的石墨。

感应淬火后须进行低温回火，以降低内应力。回火方法有炉中加热回火、感应加热回火和利用工件内部的余热使表面进行自热回火（自回火）。

感应淬火零件的加工路线一般为：锻造毛坯→正火或退火→机械粗加工→调质或正火→机械精加工→感应淬火→低温回火→磨削。

与普通淬火相比，感应淬火有以下特点。

（1）加热速度快、时间短　一般只要几秒到几十秒的时间就可使工件达到淬火温度，因此相变温度较高，感应淬火温度要比普通淬火温度高几十摄氏度。

（2）工件表面性能高　由于加热速度快、时间短，故奥氏体晶粒细小且均匀，淬火后可在表面获得细晶状马氏体或隐晶马氏体，使工件表层硬度较普通淬火的硬度高2~3HRC，可达50~55HRC，且脆性较低；同时因马氏体转变时工件体积膨胀，表层存在残余压应力，能部分抵消在动载荷作用下产生的拉应力，从而提高了疲劳强度。

（3）工艺性能好　感应淬火时工件表面不易氧化和脱碳，而且工件变形也小，淬硬层容易控制；生产率高，适用于大批量生产，容易实现机械化和自动化操作，可置于生产流水线中进行程序自动控制。

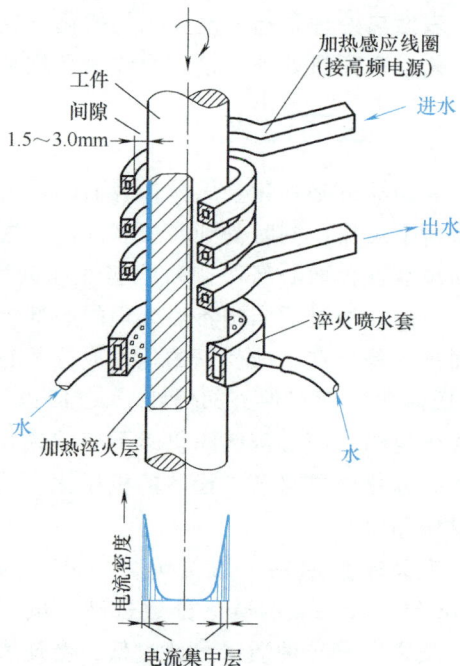

图 3-13　感应淬火示意图

但感应加热设备较贵，维修、调整比较困难，用于形状复杂零件淬火的感应器不易制造。

感应加热不仅可用于工件的表面淬火，还可用于金属熔炼、焊接、顶锻等工艺。

2. 火焰淬火

火焰淬火是用氧-乙炔（或其他可燃气体）火焰，使工件表面快速加热达到淬火温度，而心部温度仍很低，随即快速冷却，从而获得高硬度马氏体组织和淬硬层的一种表面淬火方法，如图3-14所示。

火焰淬火的淬硬深度一般为2~8mm，若要获得更深的淬硬层，往往会引起工件表面严重过热，且易产生淬火裂纹。工件淬火后一般应进行低温回火，大型工件可采用火焰回火或自回火。淬火表面在磨削之后应进行第二次回火，以减小内应力。

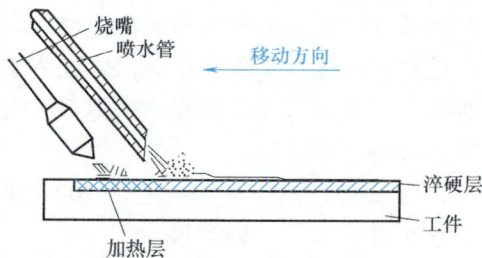

图 3-14　火焰淬火示意图

该方法简便灵活、无需特殊设备、成本低，但淬火质量不够稳定，生产率低，限制了其广泛应用。火焰淬火适用于单件或小批量生产的大型或需要局部淬火的零件，如大型轴类、大模数齿轮、轧辊、齿条、钢轨面等。

3. 激光淬火

激光淬火是以高能量激光作为能源，以极快的速度加热工件并自冷硬化的淬火工艺。

目前，应用于热处理的激光主要由 CO_2 气体激光器提供，其发射波长为 10.6μm、肉眼不可见的远红外线。与其他激光器相比，CO_2 气体激光器具有输出功率高、效率高、能长时间连续工作等特点。

激光加热时，由于工件表面光洁度较高，其反射比较大，工件表面吸收的能量几乎为零。为了提高吸收比，通常要对表面进行黑化处理，即在欲加热部位涂一层对激光有较高吸收能力的薄膜涂料，常用的涂料有磷酸锌盐膜涂料、磷酸锰盐膜涂料、炭黑等，其中以磷酸锌盐膜涂料效果最好，吸收比可提高到80%。

激光淬火的特点：

① 具有高达 $10^6 \mathrm{W/cm^2}$ 的能量密度，加热速度极快，可在百分之几秒内加热至淬火温度；淬火靠工件自激冷却，不需冷却介质，冷却速度可达 $10^4 \mathrm{℃/s}$，大大高于一般的淬火速度，生产效率高。

② 由于加热、冷却极快，淬火后可得到超细晶粒，硬度比常规淬火时的高 5%～10%，耐磨性好。

③ 激光加热对工件表面产生极大的冲击作用，可使表面产生 4000MPa 以上的压应力，有助于提高疲劳强度。

④ 可对工件进行局部的选择性淬火，特别是其他淬火方法难以实现的部位，如内孔、盲孔、内腔、沟槽等的局部淬火。

⑤ 可以利用激光进行局部表面合金化处理。用激光照射经过涂层或镀层的表面，可获得与基体不同的合金化表层。

⑥ 激光淬火产生的应力及变形极小，表面光整，不需要进行表面精加工。

二、化学热处理

化学热处理是指将工件置于特定介质中加热和保温，使一种或几种元素渗入工件表面，以改变表层化学成分、组织和性能。按渗入的元素不同，化学热处理可分为渗碳、渗氮和碳氮共渗等。渗入元素可以是固体、液体和气体。

1. 渗碳

渗碳是向低碳的碳钢或合金钢的表面层渗入碳原子的化学热处理工艺。按渗碳剂的不同，渗碳可分为气体渗碳、固体渗碳和液体渗碳三种，目前广泛采用的是气体渗碳。

（1）气体渗碳　气体渗碳在专用井式渗碳炉或贯通式渗碳炉中进行，如图3-15所示。

工件在密闭的炉膛中被加热到 900～950℃（常用930℃），向炉内通入渗碳气体（如煤气、天然气等）或滴入易于热分解和汽化的液体（如煤油、苯、甲醇等），在高温下分解生成的活性炭原子被钢件表面吸收并溶入奥氏体中，而后向内部扩散，形成一定深度的渗碳层（一般为 0.5～2.5mm）。

（2）固体渗碳　固体渗碳是把工件置于渗碳箱中，周围填满固体渗碳剂（木炭与碳酸盐的混合物），加盖并用耐火泥密封。然后送入炉中加热至 900～950℃，产生的活性炭原子被钢件表面吸收，形成一定深度的渗碳层。

固体渗碳设备简单，适用于大小不同的零件，单件小批量生产，但生产率低，劳动条件差，质量不易控制。

渗碳主要适用于低碳钢。低碳钢零件渗碳后，表层碳的质量分数应在 0.85%～1.05% 范围内。含碳量过低时，渗碳体较少，硬度较低；含碳量过高时，则会出现大量块状或网状渗碳体，使表面层脆性增大。

渗碳后常采用淬火和低温回火，其目的是使表层具有高的硬度和耐磨性，而心部仍保持一定强度和较高的韧性。工件渗碳、淬火后应进行150～200℃的低温回火，回火后表面硬度可达58～64HRC，耐磨性较好，心部硬度可达30～45HRC，具有较高的强度、韧性和一定的塑性。

渗碳零件的工艺路线一般为：锻造→正火→粗加工、半精加工→渗碳→淬火→低温回火→精加工（磨削加工）→检验。

一些承受冲击的耐磨零件，如轴、齿轮、凸轮、活塞销等，大都进行渗碳，但在高温下工作的耐磨件不宜采用渗碳处理。

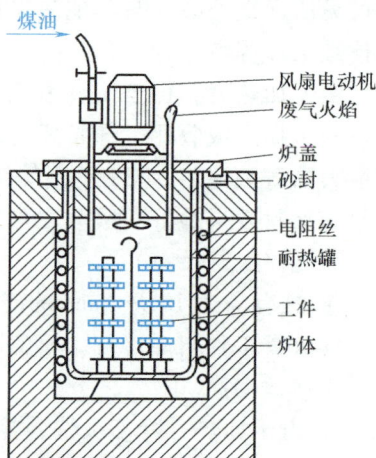

图3-15　气体渗碳示意图

2. 渗氮

渗氮又称为氮化，是在一定温度下于一定介质中向工件的表面渗入氮原子的化学热处理工艺。目的是提高工件表面的硬度、耐磨性、耐热性、耐蚀性及疲劳强度。

根据使用介质的不同，分为气体渗氮、液体渗氮和固体渗氮。

目前广泛采用气体渗氮，一般在500～600℃加热温度下的专用氮化炉内进行，其方法与气体渗碳类似。应用最广泛的氮化用钢是38CrMoAl，钢中的Cr、Mo、Al等合金元素在氮化过程中形成高度弥散、硬度极高且非常稳定的氮化物。氮化后工件表面硬度可达1000～1200HV，相当于68～72HRC，具有很高的耐磨性，而且在600℃温度下仍能保持高的硬度。

渗氮前工件需经过调质处理，获得回火索氏体组织，以提高心部的性能。对于形状复杂或精度要求较高的零件，在渗氮前、精加工后还要进行消除应力的退火，以减小渗氮时的变形。渗氮是在较低的温度下进行的，没有相变，渗氮后不需淬火，因此变形很小。但是渗氮生产周期长、工艺复杂，因此渗氮零件的成本较高。渗氮多用于要求耐磨、耐疲劳、耐蚀的零件，如精密机床的主轴、丝杠，高速精密齿轮，镗床镗杆，磨床主轴，汽轮机的阀门、阀杆等。

3. 碳氮共渗

碳氮共渗是在一定温度下，同时将碳、氮原子渗入工件表层的化学热处理工艺。中温气体碳氮共渗（中温气体氰化）和低温气体碳氮共渗（低温气体氰化或气体软氮化）的应用较为广泛。

中温气体碳氮共渗实质上是以渗碳为主的共渗工艺，工件经共渗后须进行淬火及低温回火。中温气体碳氮共渗主要用于低碳及中碳结构钢零件，如汽车和机床上的各种齿轮、蜗轮、蜗杆和轴类零件等。

低温气体碳氮共渗实质上是以渗氮为主的共渗工艺。与一般渗氮相比，其渗层脆性较小，故又称为软氮化。这种工艺的生产周期短，成本低，工件变形小，不受钢材种类限制，常用于汽车、机床上的小型轴类零件、齿轮以及模具、量具和刀具等。

模块7　热处理方案选择及工序位置安排

一、热处理工艺对质量的影响

因热处理工艺不当，常产生过热、过烧、氧化、脱碳、变形与开裂等缺陷。变形和开裂是由应力引起的。应力分为热应力和相变应力。热应力是指工件加热和冷却时，由于不同部位出现温差而导致热胀和冷缩不均所产生的应力；相变应力是指热处理过程中，由于工件不同部位组织转变不同步而产生的应力。热应力和相变应力是同时存在的。当两种应力综合作用超过材料的屈服强度时，工件发生变形；超过抗拉强度时，产生开裂。

为了减小变形、防止开裂，应注意下面几个方面：要正确选用材料、合理设计零件结构、选用合适的热处理方法、热处理工艺要合理、热处理操作方法要正确等。

二、热处理对零件结构设计的要求

1. 尽量避免尖角、棱角和台阶结构

零件的尖角、棱角处是淬火应力集中的部位，易成为淬火裂纹的起点，或者成为突然断裂和疲劳裂纹的起点，故应尽量加工成圆角或倒角，如图3-16所示。

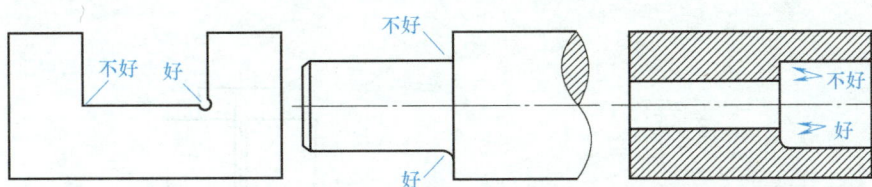

图3-16　避免尖角、棱角设计

2. 避免截面尺寸变化较大

截面急剧变化的零件，在淬火冷却时，由于冷却不均匀会产生过大的内应力，变形、开裂的倾向较大。故对于不等截面的淬火件，一般采用以下方法：

① 开设工艺孔，使零件壁厚均匀，如图3-17a所示。

② 有孔的零件应合理安排孔的位置。孔与孔之间或孔到零件的棱边之间应有一定的距离，如图3-17b所示。

③ 盲孔应尽量改为通孔，可避免由于盲孔而引起的淬火变形与开裂，如图3-17c所示。

3. 采用封闭和对称结构

开口或截面形状不对称的零件，在淬火时应力分布不均匀，易引起过量的变形，应改为封闭或对称的结构。

图3-18所示为刀杆截面，由于两侧开槽，使零件形状呈对称结构，刀杆热处理时，应力分布均匀，减少了变形。

a) 开设工艺孔   b) 合理安排孔的位置

c) 变盲孔为通孔

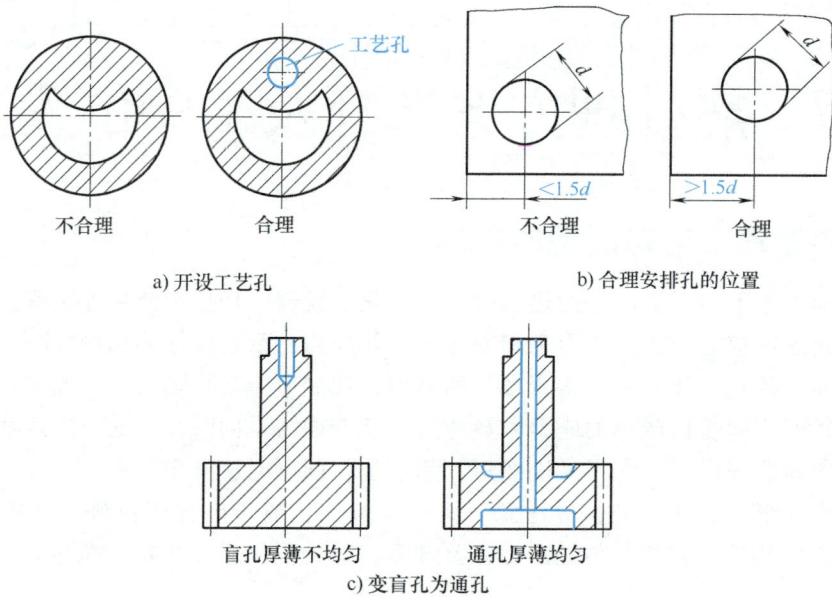

图 3-17   避免截面尺寸变化较大

图 3-19 所示为头部封闭的弹簧夹头，淬火、回火后再切开槽口，可减少变形。如果加工成开口结构后淬火，开口处胀开较大。

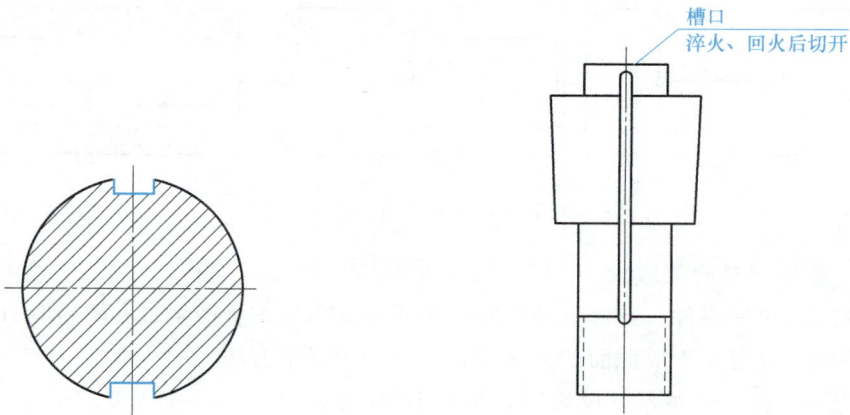

图 3-18   刀杆截面

图 3-19   弹簧夹头

4. 采用组合结构

对于形状复杂或各部分性能要求不同的零件，尽量采用组合或镶拼结构，可解决加工及热处理的变形、开裂问题。图 3-20a 所示为整体设计，淬火后图示位置易出现裂纹，图 3-20b 所示为采用组合结构，可避免变形和开裂。

5. 便于加热和冷却时装夹和吊挂

热处理加热和冷却时，工件装夹和吊挂是否合适，不仅影响工件是否变形和开裂，而且还影响工件热处理后的性能。例如没有合适的装夹部位，而在热处理时直接在工件表面安装

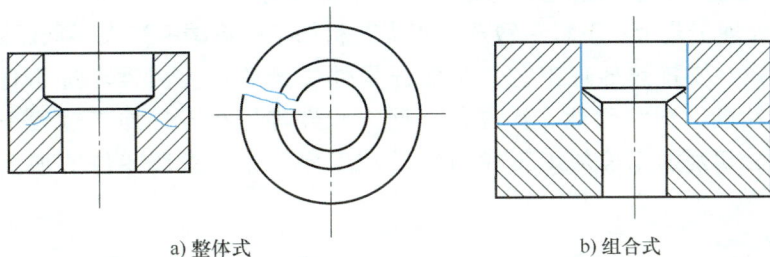

a) 整体式　　　　　b) 组合式

图 3-20　组合结构

夹具，则在淬火冷却时这些部位会产生淬火软点，影响使用性能。因此，有时为了热处理时装夹和吊挂的需要，在不影响工件使用性能的条件下，在工件上应开设一些工艺孔。

三、热处理工序位置安排

合理安排热处理工序位置对保证零件质量和改善切削加工性能有重要意义。热处理按目的和工序位置不同，分为预备热处理和最终热处理，其工序位置安排如下。

1）预备热处理包括退火、正火等，一般均安排在毛坯生产之后、切削加工之前，或粗加工之后、半精加工之前。若在粗加工前调质，则零件表面调质层的优良组织有可能在粗加工中大部分被切除掉，失去调质的作用，碳钢件出现这种情况的可能性更大。

生产中，灰铸铁件、铸钢件和某些无特殊要求的锻钢件，经退火、正火或调质后，已能满足使用性能要求，不再进行最终热处理，此时上述热处理就是最终热处理。

2）最终热处理包括淬火、回火、渗碳、渗氮等。零件经最终热处理后硬度较高，除磨削或研磨外不宜再进行其他切削加工，因此工序位置一般安排在半精加工后、磨削加工前。

渗碳分为整体渗碳和局部渗碳两种。对于局部渗碳件，在不需渗碳部位采取增大加工余量（增大的量称为防渗余量）或镀铜的方法，待渗碳后、淬火前，切去该部位的防渗余量。

四、钢的热处理工艺选用

钢的用途不同，其热处理工艺也不相同。

1. 要求硬度高、耐磨性好的工件（刃具钢、量具钢、轴承钢等）

主要的热处理工艺为：下料→锻造→正火→球化退火→粗加工→淬火→低温回火→精加工。

2. 要求弹性好和足够韧性的工件（弹簧钢、热模钢等）

主要的热处理工艺为：下料→锻造→退火→粗加工→淬火→中温回火→精加工。

3. 要求综合力学性能好的工件（调质钢等）

主要的热处理工艺为：下料→锻造→正火（或退火）→粗加工→淬火→高温回火→精加工。

4. 要求表面硬度高、心部综合力学性能好的工件（调质钢等）

主要的热处理工艺为：下料→锻造→正火（或退火）→粗加工→淬火→高温回火→表面淬火→低温回火→精加工。

5. 要求表面硬度高、心部韧性好的工件（渗碳钢等）

主要的热处理工艺为：下料→锻造→正火→粗加工→渗碳→淬火→低温回火→精加工。

合理地选择、安排热处理工艺，是保证零件质量的重要因素。选用材料时，要考虑其热处理工艺性能，如淬硬性、淬透性、回火脆性等。在零件加工过程中，必须合理安排铸、锻、焊、切削加工等加工工序与热处理工序，才能保证零件的加工质量和良好的使用性能。

视野拓展

我国古代的热处理工艺

早在公元前770至前222年，中国人在生产实践中就已发现，钢铁的性能会因温度和加压变形的影响而变化。

河南殷墟出土的商代金箔，是经过再结晶退火处理的，其目的是消除金箔的冷锻硬化。20世纪50年代山东薛城出土的西汉铁斧是铁素体基体的黑心可锻铸铁，表明当时柔化处理技术已有较大的提高。明代宋应星所著《天工开物》有锉刀翻新工艺的记载，说明齿尖已磨损的旧锉刀，先退火再用錾子划齿。书中还记载了制针工艺中工序间消除内应力的退火。古代兵器如剑、戟、斧、戈等，需要进行锻打成锋刃，为防止锻造过程中发生开裂，须采用锻间退火处理。

早在战国时期已经明淬火工艺，秦汉时期，退火工艺得到进一步发展，出现了对钢刀、铜剑的刃部进行局部淬火的技术。1965年河北易县燕下都遗址出土的战国后期锻剑等武器大都是经过淬火硬化的，经金相分析，发现了淬火产生的针状马氏体。《史记·天官书》有"水与火合为淬"之说。《汉书·王褒传》有"巧冶铸干将之朴（管长有短把的刀），清水淬其锋"。一些杰出的刀剑制造专家还注意到了不同性能的刀剑需用不同的水淬火。如龙泉剑就是因为用龙泉水淬火而得名，曹丕命人制造的百辟宝剑是用清漳水淬火的。

从考古发掘的含碳块炼铁器物来看，中国古代有意识的渗碳大约始于春秋时期，这期间出现了固体渗碳制钢术，固体渗碳是采用将工件埋入固体渗碳物质中进行处理的工艺技术，它是最古老的热处理技术之一。1968年河北满城出土的西汉刘胜的佩剑，经分析，表面有明显的渗碳层，表面硬度较高，锋利耐磨，而中心则有很好的韧性，不易折断。刘胜的错金书刀经过渗碳局部淬火后，刃部和刃背获得硬韧兼备的效果，可见当时刀、剑的热处理工艺已具有很高的水平。《天工开物》叙述了古代制针用的渗碳剂和固体渗碳工艺。在《锤锻》篇中提及，锄用"熟铁锻成，熔化生铁淋口，入水淬健，即成刚劲"。该工艺是将锄具在熔化生铁中渗碳，目的是使其表面成为高碳钢，经淬火后得到马氏体而强化。

单 元 小 结

热处理是改善金属材料使用性能和加工性能的重要工艺方法。本单元在简要介绍钢在加热和冷却时组织变化规律的基础上，介绍了常用热处理方法（退火、正火、淬火和回火）的概念、工艺特点和应用范围，以及常用表面热处理方法。单元3思维导图如图3-21所示。

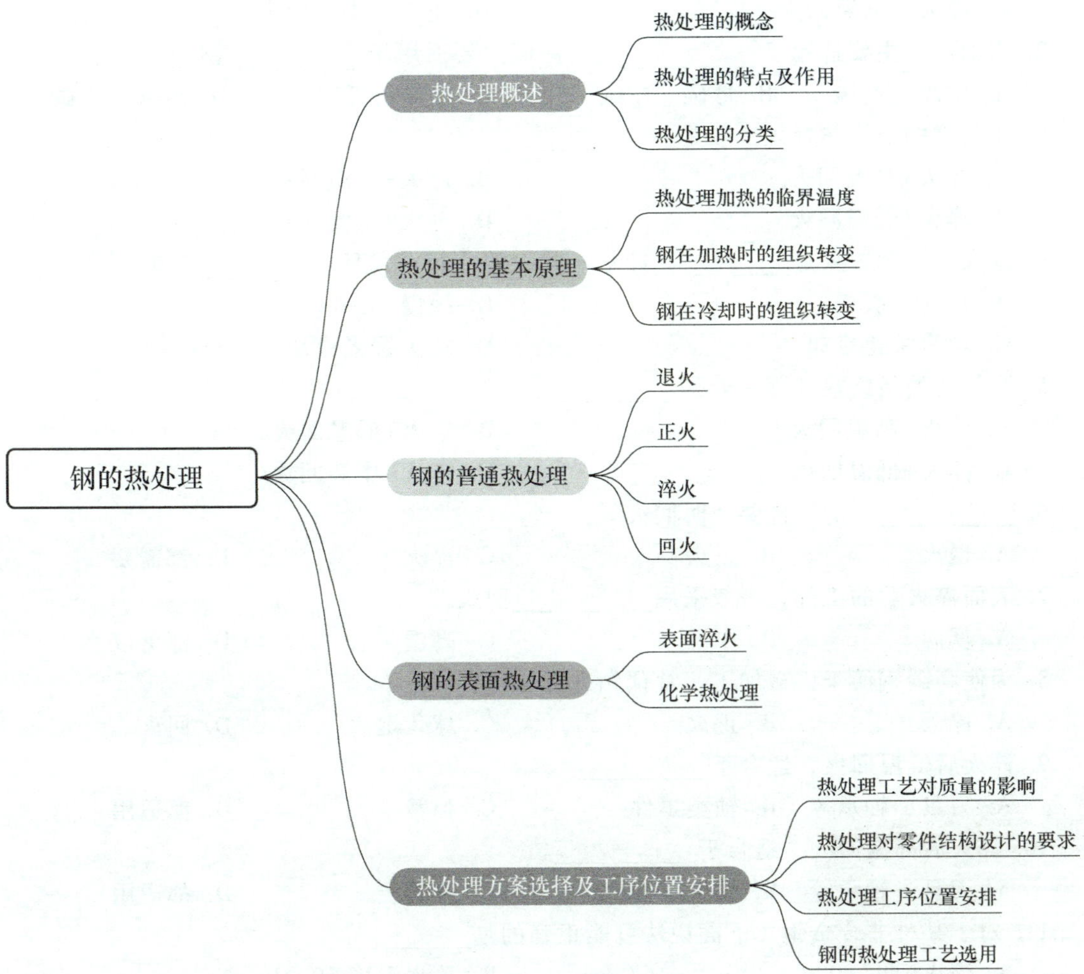

图 3-21　单元 3 思维导图

自 我 测 评

一、填空题

1. 热处理就是采用适当的方式对金属材料或工件进行_____、_____和_____，以获得预期的组织结构与性能的工艺。

2. 常用的普通热处理方法有_____、_____、_____和_____。

3. _____和_____是目前生产中应用最广泛的冷却介质。

4. 根据钢材在回火时的加热温度不同，可将回火分为_____回火、_____回火和_____回火三种。弹簧一般采用_____回火。

5. 钢的表面热处理包括_____和_____。

6. 表面淬火主要适用于_____钢，渗碳主要适用于_____钢。

二、选择题

1. _____后_____的复合热处理工艺称为调质处理。

　　A. 淬火　高温回火　　　　　　　　　　B. 淬火　中温回火

      C. 淬火　低温回火　　　　　　　　　　D. 正火　中温回火

  2. 表面淬火主要适用于_____钢，渗碳主要适用于_____钢。

      A. 中碳　高碳　　　B. 低碳　中碳　　　　C. 中碳　低碳　　　D. 高碳　中碳

  3. 工具钢的最终热处理一般是_____。

      A. 淬火+高温回火　　　　　　　　　　B. 淬火+中温回火

      C. 淬火+低温回火　　　　　　　　　　D. 正火+低温回火

  4. 退火的冷却方式是_____冷却，淬火的冷却方式是_____冷却。

      A. 快速　缓慢　　　　　　　　　　　　B. 缓慢　快速

      C. 均为快速冷却　　　　　　　　　　　D. 均为缓慢冷却

  5. 弹簧钢的最终热处理一般是_____。

      A. 淬火+高温回火　　　　　　　　　　B. 正火+低温回火

      C. 淬火+低温回火　　　　　　　　　　D. 淬火+中温回火

  6. _____后的工件要及时回火。

      A. 退火　　　　　　B. 正火　　　　　　C. 淬火　　　　　　D. 都需要

  7. 表面淬火后的工件，一般采用_____回火。

      A. 低温　　　　　　B. 中温　　　　　　C. 高温　　　　　　D. 都可以

  8. 为使高碳钢便于机械加工，常预先进行_____。

      A. 淬火　　　　　　B. 正火　　　　　　C. 球化退火　　　　D. 回火

  9. 淬火后低温回火，适合于_____。

      A. 刀具、轴承等　　B. 轴类零件　　　　C. 弹簧　　　　　　D. 都适用

  10. 淬火后高温回火，适合于_____。

      A. 刀具、轴承等　　B. 轴类零件　　　　C. 弹簧　　　　　　D. 都适用

  11. 对于某种非合金钢，下面说法可能正确的是_____。

      A. 淬火温度 800℃　　　　　　　　　　B. 淬火温度 600℃

      C. 回火温度 800℃　　　　　　　　　　D. 正火温度 600℃

三、简答题

  1. 什么是热处理？它是如何分类的？

  2. 什么是退火和正火？二者有何区别？

  3. 回火的目的是什么？回火的方法有哪些？各适用于哪类零件？

  4. 什么是表面淬火？它的目的是什么？

  5. 20 钢采用表面淬火是否合适？为什么？

  6. 45 钢进行渗碳处理是否合适？为什么？

  7. 简述各种淬火方法及其适用范围。

单 元 收 获

请结合本单元学习目标和思维导图，归纳本单元各知识点的主要内容。

单元4 钢铁材料
Unit 4

【实例导入】

国家体育场（鸟巢，图 4-1），为 2008 年北京奥运会的主体育场，其空间效果新颖激进，形态如同孕育生命的"巢"和摇篮，寄托着人类对未来的希望。"鸟巢"结构主要由巨大的门式钢架组成，共有 24 根桁架柱；建筑顶面呈鞍形，长轴为 332.3m，短轴为 296.4m，最高点的高度为 68.5m，最低点的高度为 42.8m。搭建它的材料为 Q460。Q460 是一种低合金高强度钢，它在受力强度达到 460MPa 时才会发生塑性变形。这

图 4-1　国家体育场（鸟巢）

是中国国内在建筑结构上首次使用 Q460 规格的钢材且使用的钢板厚度达到 110mm。在中国的国家标准中，Q460 的最大厚度只是 100mm。为了给"鸟巢"提供合格的 Q460，河南舞阳特种钢厂的科研人员经过长达半年多的科技攻关，前后 3 次试制终于获得成功。2008 年，400t 自主创新、具有知识产权的国产 Q460 钢材撑起了"鸟巢"的铁骨钢筋。

本单元主要介绍钢铁材料的性能特点、分类及应用。

【学习目标】

1. 了解常存杂质对钢性能的影响。
2. 了解合金元素在钢中的作用。
3. 掌握碳钢（非合金钢）、合金工具钢、特殊性能钢的种类、牌号、性能特点及应用。
4. 了解灰铸铁、可锻铸铁、球墨铸铁、蠕墨铸铁的组织、性能、分类、牌号及用途。
5. 能够合理选用钢铁材料，使其满足使用性能、加工工艺性和经济性的要求。
6. 了解钢铁材料的腐蚀与防护方法，能够根据实际情况选择合适的防腐蚀措施。

通过学习钢铁材料的相关知识，学生可以提高自身的专业素养和解决问题的能力，为今后在机械制造等领域的工作打下坚实的基础。

模块 1 碳钢

工业上常用的金属材料分为钢铁材料（黑色金属）和非铁金属材料（有色金属材料）两大类。钢铁材料是工业上对钢和铸铁的合称。有色金属材料包括除钢铁以外的金属及其合金。

钢是使用最广、用量最大的金属材料，在现代工农业生产中占有极其重要的地位。如在机加工车间，机床的主要零部件、加工所用的刀具和夹具、其他辅助设备与工具大多由不同类型的钢制造而成。钢的分类方法很多，根据不同的需要可采用不同的分类方法。为便于生产、使用和研究，多数情况下将几种不同的分类方法混合使用。

1）按钢的用途分类。可分为结构钢、工具钢和特殊性能钢等。

2）按钢的成分分类。可分为非合金钢、低合金钢和合金钢等。

3）按钢的质量等级分类。可分为普通钢、优质钢和高级优质钢等。

4）按炼钢时的脱氧方法分类。可分为沸腾钢、镇静钢、特殊镇静钢等。

5）按室温下的金相组织分类。可分为珠光体钢、贝氏体钢、奥氏体钢、马氏体钢和莱氏体钢等。

6）按加工前的毛坯形状分类。可分为线材、型材、板材、管材等。

通常把碳的质量分数小于 2.11%（实际使用时碳的质量分数小于 1.4%），并含有少量硅、锰、磷、硫等元素的铁碳合金称为碳钢（非合金钢），又称碳素钢。

一、常存杂质元素对钢性能的影响

碳钢在冶炼时不可避免地含有一些其他元素（Si、Mn、P、S 等），这些并非有意加入或保留的元素，一般作为杂质看待。它们的存在对钢的性能有较大影响，应加以控制。

（1）锰　锰是炼钢时用锰铁脱氧而残留在钢中的。锰有很好的脱氧能力，还可以与硫形成 MnS，从而消除了硫的有害作用，是碳钢中的有益元素。作为杂质，锰的质量分数一般应不超过 0.8%。

（2）硅　硅也是作为脱氧剂而进入钢中的，硅的脱氧能力比锰还强，还能提高钢的强度及质量，是钢中的有益元素。作为杂质，硅的质量分数一般应不超过 0.4%。

（3）硫　硫是钢中的有害元素，常以 FeS 形式存在。FeS 与 Fe 形成低熔点的共晶体（熔点为 985℃），分布在奥氏体的晶界处，当钢材在 1000~1200℃进行热压力加工时，低熔点的共晶体已经熔化，使钢材变脆，这种现象称为热脆性。为了避免热脆，钢中的含硫量必须严格控制，通常硫的质量分数 $w_S<0.05\%$。

（4）磷　磷也是钢中的有害元素，它使钢在低温时变脆，这种现象称为冷脆性。因此，钢中的含磷量也要严格控制，通常磷的质量分数 $w_P<0.045\%$。

在某些情况下，硫、磷对钢也有有利的一面。如易切削钢就是硫、磷含量较高的钢。由于硫、磷含量较高，钢的塑性、韧性差，切削加工时切屑易碎断，不易磨损刀具，因此适宜高速切削。而在炮弹钢中加入较多的磷，可使炮弹爆炸时碎片增多，提高杀伤力。

（5）氢、氮、氧　大部分钢在整个冶炼过程中都与空气接触，因而钢液中总会吸收一些气体，如氢、氮、氧等，它们对钢的质量都会产生不良影响。

室温下氮（N）在铁素体中的溶解度很低，钢中的过饱和 N 元素在常温放置过程会以 Fe_4N 的形式析出而使钢变脆，称为时效脆化。在钢中加入 Ti、V、Al 等元素可使 N 被固定在氮化物中，从而消除时效倾向。

氧在钢中主要以氧化物夹杂的形式存在，氧化物夹杂与基体的结合力弱，不易变形，易成为疲劳裂纹源。

氢对钢的危害性较大，主要表现为氢脆。常温下氢在钢中的溶解度很低，原子态的过饱和氢将降低钢的韧性，引起氢脆。当氢在缺陷处以分子态析出时，会产生很高的内压，形成微裂纹，将严重影响钢的力学性能，使钢易于脆断。微裂纹在横断面宏观磨片上腐蚀后呈现为毛细裂纹，故又称为发裂；在纵向断面上，裂纹呈现近似圆形或椭圆形的银白色斑点，故称为白点。

二、碳钢的分类

1. 按钢中碳的质量分数分类

1）低碳钢：$w_C \leq 0.25\%$。

2）中碳钢：$0.25\% < w_C \leq 0.6\%$。

3）高碳钢：$w_C > 0.6\%$。

2. 按钢的质量分类

根据钢中有害杂质 S、P 的多少可分为以下三类。

1）普通钢：$w_S \leq 0.050\%$，$w_P \leq 0.045\%$。

2）优质钢：$w_S \leq 0.035\%$、$w_P \leq 0.035\%$。

3）高级优质钢：$w_S \leq 0.025\%$，$w_P \leq 0.025\%$。

3. 按用途分类

1）碳素结构钢：用于制造工程结构（如桥梁、船舶、建筑、高压容器等）和机械零件（如齿轮、轴、螺钉、螺母、连杆等），这类钢一般为低、中碳钢。

2）碳素工具钢：用于制造各种工具（如刃具、模具和量具等），这类钢一般为高碳钢。

此外，钢按冶炼时脱氧方法的不同，分为沸腾钢（F）、镇静钢（Z）和特殊镇静钢（TZ）。在牌号中若为 Z 和 TZ，则予以省略。沸腾钢是脱氧不完全的钢。钢在冶炼后期不加脱氧剂（如硅、铝等），浇注时钢液在钢锭模内产生沸腾现象（气体逸出），优点是钢的收得率高（约提高15%），生产成本低，表面质量和深冲性能好；缺点是钢中的杂质多，成分偏析较大，所以性能不均匀。镇静钢为完全脱氧的钢，通常铸成上大下小带保温帽的锭型，浇注时钢液镇静不沸腾。由于锭模上部有保温帽（在钢液凝固时作补充钢液用），这节帽头在轧制开坯后需切除，故钢的收得率低，但组织致密，偏析小，质量均匀。

三、碳素结构钢

碳素结构钢是工程中应用最多的非合金结构钢，其产量约占钢总产量的 70% ~ 80%。这类钢的炼制过程比较简单，生产费用较低，价格便宜，广泛地应用于工程建筑、车辆、船舶，以及一般的桥梁、容器等金属结构。碳素结构钢属于工程结构钢，由于价格低廉，也常用于制造要求不高的机器零件，如螺钉、螺栓、螺母、垫圈，以及手柄、小轴法兰等。

1. 牌号

普通碳素结构钢的牌号由以下四部分组成：

1）代表屈服强度的字母 Q，钢材屈服强度"屈"字汉语拼音首字母。

2）屈服强度数值，单位为 MPa。

3）质量等级符号，A、B、C、D 级，表示 S、P 含量不同。

4）脱氧方法符号，F（沸腾钢）、Z（镇静钢）、TZ（特殊镇静钢）。

例 Q215AF，表示屈服强度不低于 215MPa，质量为 A 级的沸腾碳素结构钢。

2. 性能及用途

普通碳素结构钢中碳的质量分数较低，焊接性能好，塑性、韧性好，价格低，常热轧成钢板、钢带、各种热轧成的型材（如圆钢、方钢、工字钢等）、棒钢，用于桥梁、建筑等工程构件和要求不高的机械零件。普通碳素结构钢通常在热轧供应状态下直接使用，很少再进行热处理。

Q195、Q215 通常轧制成薄板、钢筋供应市场，也可用于制作铆钉、螺钉、轻载荷的冲压零件和焊接结构件等。

Q235 强度稍高，可制作螺栓、螺母、销、吊钩和不太重要的机械零件，以及建筑结构中的螺纹钢、型钢、钢筋等；质量较好的 Q235C、D 级可作为重要焊接结构用材。

Q275 钢可部分代替优质碳素结构钢 25、30、35 钢使用。

碳素结构钢的牌号、化学成分及力学性能，见表 4-1、表 4-2。

表 4-1 碳素结构钢的牌号和化学成分

牌号	统一数字代号[1]	等级	厚度（或直径）/mm	脱氧方法	化学成分（质量分数,%）,不大于				
					C	Si	Mn	P	S
Q195	U11952	—	—	F、Z	0.12	0.30	0.50	0.035	0.040
Q215	U12152	A	—	F、Z	0.15	0.35	1.20	0.045	0.050
	U12155	B							0.045
Q235	U12352	A	—	F、Z	0.22	0.35	1.40	0.045	0.050
	U12355	B			0.20[2]				0.045
	U12358	C		Z	0.17			0.040	0.040
	U12359	D		TZ				0.035	0.035
Q275	U12752	A	—	F、Z	0.24	0.35	1.50	0.045	0.050
	U12755	B	≤40	Z	0.21			0.045	0.045
			>40		0.22				
	U12758	C		Z	0.20			0.40	0.040
	U12759	D		TZ				0.035	0.035

① 表中为镇静钢、特殊镇静钢牌号的统一数字，沸腾钢牌号的统一数字代号如下：

Q195F——U11950；

Q215AF——U12150，Q215BF——U12153；

Q235AF——U12350，Q235BF——U12353；

Q275AF——U12750。

② 经需方同意，Q235B 的碳含量可不大于 0.22%。

表 4-2　碳素结构钢的力学性能

牌号	等级	屈服强度[1] R_{eH}/(N/mm²),不小于						抗拉强度[2] R_m/(N/mm²)	断后伸长率 A(%),不小于					冲击试验（V 型缺口）	
		厚度（或直径）/mm							厚度（或直径）/mm					温度/℃	冲击吸收功（纵向）/J 不小于
		≤16	>16~40	>40~60	>60~100	>100~150	>150~200		≤40	>40~60	>60~100	>100~150	>150~200		
Q195	—	195	185	—	—	—	—	315~430	33	—	—	—	—	—	—
Q215	A	215	205	195	185	175	165	335~450	31	30	29	27	26	—	—
	B													+20	27
Q235	A	235	225	215	215	195	185	370~500	26	25	24	22	21	—	27[3]
	B													+20	
	C													0	
	D													-20	
Q275	A	275	265	255	245	225	215	410~540	22	21	20	18	17	—	27
	B													+20	
	C													0	
	D													-20	

① Q195 的屈服强度值仅供参考，不作交换条件。

② 厚度大于 100mm 的钢材，抗拉强度下限允许降低 20N/mm²。宽带钢（包括剪切钢板）抗拉强度上限不作交货条件。

③ 厚度小于 25mm 的 Q235B 级钢材，如供方能保证冲击吸收功值合格，经需方同意，可不做检验。

四、优质碳素结构钢

1. 牌号

优质碳素结构钢的牌号用两位数字表示平均碳的质量分数的万分数，例如 45 钢即表示碳的平均质量分数 w_C = 0.45% 的优质碳素结构钢。

根据含锰量的不同，将含锰量为 0.25%~0.80%（质量分数）的优质碳素结构钢称为普通含锰钢，将含锰量为 0.70%~1.20%（质量分数）的优质碳素结构钢称为较高含锰量钢（标出锰元素），如 65Mn。

2. 性能及用途

优质碳素结构钢基本上属于亚共析钢和共析钢，这类钢中有害杂质及非金属夹杂物含量较少，化学成分控制得也较严格，塑性、韧性较好，其牌号数值越大，钢中碳的质量分数越高，组织中的珠光体越多，其强度越高，而塑性、韧性越低。优质碳素结构钢主要用于制造各种机械零件和小直径弹簧，大多需要通过热处理调整零件的性能。

08、10 钢属极软低碳钢，其强度、硬度很低，塑性、韧性很好，具有优良的冲压、拉伸及焊接性能，淬透性、淬硬性差，不宜切削加工，因此被广泛用来制造冲压零件，适宜轧制成薄板、薄带、冷变形材等，用于制造各种容器、仪表板、机器罩，以及摩擦片、深冲器皿、汽车车身、管子、垫圈、卡头等。

15、20 钢也具有良好的冲压及焊接性能，常用来制造受力不大、韧性要求较高的中小结构件或零件，如容器、螺钉、螺母、杠杆、轴套等。

35、40、45、50 钢的强度较高，综合力学性能良好，用来制造齿轮、连杆、轴类零件等。

60、65、70、65Mn、70Mn 等钢的屈服强度和屈强比较高，具有足够的韧性和耐磨性，可用于制造小线径（12~15mm）的弹簧、弹簧垫圈、重钢轨、轧辊、铁锹、钢丝绳等。其中，以 65Mn 钢在热成形弹簧中应用最广。

优质碳素结构钢应用举例如图 4-2 所示。

常用优质碳素结构钢的牌号、化学成分及力学性能见表 4-3、表 4-4。

齿轮(条)

弹簧

轴

曲轴

图 4-2　优质碳素结构钢应用举例

表 4-3　优质碳素结构钢的牌号、化学成分

序号	统一数字代号	牌号	化学成分（质量分数,%）							
			C	Si	Mn	P	S	Cr	Ni	Cu[①]
						≤				
1	U20082	08[②]	0.05~0.11	0.17~0.37	0.35~0.65	0.035	0.035	0.10	0.30	0.25
2	U20102	10	0.07~0.13	0.17~0.37	0.35~0.65	0.035	0.035	0.15	0.30	0.25
3	U20152	15	0.12~0.18	0.17~0.37	0.35~0.65	0.035	0.035	0.25	0.30	0.25
4	U20202	20	0.17~0.23	0.17~0.37	0.35~0.65	0.035	0.035	0.25	0.30	0.25
5	U20252	25	0.22~0.29	0.17~0.37	0.50~0.80	0.035	0.035	0.25	0.30	0.25
6	U20302	30	0.27~0.34	0.17~0.37	0.50~0.80	0.035	0.035	0.25	0.30	0.25
7	U20352	35	0.32~0.39	0.17~0.37	0.50~0.80	0.035	0.035	0.25	0.30	0.25

（续）

序号	统一数字代号	牌号	化学成分（质量分数，%）							
			C	Si	Mn	P	S	Cr	Ni	Cu①
						≤				
8	U20402	40	0.37~0.44	0.17~0.37	0.50~0.80	0.035	0.035	0.25	0.30	0.25
9	U20452	45	0.42~0.50	0.17~0.37	0.50~0.80	0.035	0.035	0.25	0.30	0.25
10	U20502	50	0.47~0.55	0.17~0.37	0.50~0.80	0.035	0.035	0.25	0.30	0.25
11	U20552	55	0.52~0.60	0.17~0.37	0.50~0.80	0.035	0.035	0.25	0.30	0.25
12	U20602	60	0.57~0.65	0.17~0.37	0.50~0.80	0.035	0.035	0.25	0.30	0.25
13	U20652	65	0.62~0.70	0.17~0.37	0.50~0.80	0.035	0.035	0.25	0.30	0.25
14	U20702	70	0.67~0.75	0.17~0.37	0.50~0.80	0.035	0.035	0.25	0.30	0.25
15	U20752	75	0.72~0.80	0.17~0.37	0.50~0.80	0.035	0.035	0.25	0.30	0.25
16	U20802	80	0.77~0.85	0.17~0.37	0.50~0.80	0.035	0.035	0.25	0.30	0.25
17	U20852	85	0.82~0.90	0.17~0.37	0.50~0.80	0.035	0.035	0.25	0.30	0.25
18	U21152	15Mn	0.12~0.18	0.17~0.37	0.70~1.00	0.035	0.035	0.25	0.30	0.25
19	U21202	20Mn	0.17~0.23	0.17~0.37	0.70~1.00	0.035	0.035	0.25	0.30	0.25
20	U21252	25Mn	0.22~0.29	0.17~0.37	0.70~1.00	0.035	0.035	0.25	0.30	0.25
21	U21302	30Mn	0.27~0.34	0.17~0.37	0.70~1.00	0.035	0.035	0.25	0.30	0.25
22	U21352	35Mn	0.32~0.39	0.17~0.37	0.70~1.00	0.035	0.035	0.25	0.30	0.25
23	U21402	40Mn	0.37~0.44	0.17~0.37	0.70~1.00	0.035	0.035	0.25	0.30	0.25
24	U21452	45Mn	0.42~0.50	0.17~0.37	0.70~1.00	0.035	0.035	0.25	0.30	0.25
25	U21502	50Mn	0.48~0.56	0.17~0.37	0.70~1.00	0.035	0.035	0.25	0.30	0.25
26	U21602	60Mn	0.57~0.65	0.17~0.37	0.70~1.00	0.035	0.035	0.25	0.30	0.25
27	U21652	65Mn	0.62~0.70	0.17~0.37	0.90~1.20	0.035	0.035	0.25	0.30	0.25
28	U21702	70Mn	0.67~0.75	0.17~0.37	0.90~1.20	0.035	0.035	0.25	0.30	0.25

注：未经用户同意不得有意加入本表中未规定的元素。应采取措施防止从废钢或其他原料中带入影响钢性能的元素。

① 热压力加工用钢铜含量应不大于 0.20%。

② 用铝脱氧的镇静钢，碳、锰含量下限不限，锰含量上限为 0.45%，硅含量不大于 0.03%，全铝含量为 0.020%~0.070%，此时牌号为 08Al。

表 4-4　优质碳素结构钢的力学性能

序号	牌号	试样毛坯尺寸/mm	推荐的热处理制度			力学性能					交货硬度 HBW	
			正火	淬火	回火	抗拉强度 R_m /MPa	下屈服强度 R_{eL} /MPa	断后伸长率 A （%）	断面收缩率 Z （%）	冲击吸收能量 KU_2 /J	未热处理钢	退火钢
			加热温度/℃			≥					≤	
1	08	25	930	—	—	325	195	33	60	—	131	
2	10	25	930	—	—	335	205	31	55	—	137	—

（续）

序号	牌号	试样毛坯尺寸/mm	推荐的热处理制度			力学性能					交货硬度 HBW	
			正火	淬火	回火	抗拉强度 R_m/MPa	下屈服强度 R_{eL}/MPa	断后伸长率 A（%）	断面收缩率 Z（%）	冲击吸收能量 KU_2/J	未热处理钢	退火钢
			加热温度/℃			≥					≤	
3	15	25	920	—	—	375	225	27	55	—	143	—
4	20	25	910	—	—	410	245	25	55	—	156	—
5	25	25	900	870	600	450	275	23	50	71	170	—
6	30	25	880	860	600	490	295	21	50	63	179	—
7	35	25	870	850	600	530	315	20	45	55	197	—
8	40	25	860	840	600	570	335	19	45	47	217	187
9	45	25	850	840	600	600	355	16	40	39	229	197
10	50	25	830	830	600	630	375	14	40	31	241	207
11	55	25	820	—	—	645	380	13	35	—	255	217
12	60	25	810	—	—	675	400	12	35	—	255	229
13	65	25	810	—	—	695	410	10	30	—	255	229
14	70	25	790	—	—	715	420	9	30	—	269	229
15	75	试样	—	820	480	1080	880	7	30	—	285	241
16	80	试样	—	820	480	1080	930	6	30	—	285	241
17	85	试样	—	820	480	1130	980	6	30	—	302	255
18	15Mn	25	920	—	—	410	245	26	55	—	163	—
19	20Mn	25	910	—	—	450	275	24	50	—	197	—
20	25Mn	25	900	870	600	490	295	22	50	71	207	—
21	30Mn	25	880	860	600	540	315	20	45	63	217	187
22	35Mn	25	870	850	600	560	335	18	45	55	229	197
23	40Mn	25	860	840	600	590	355	17	45	47	229	207
24	45Mn	25	850	840	600	620	375	15	40	39	241	217
25	50Mn	25	830	830	600	645	390	13	40	31	255	217
26	60Mn	25	810	—	—	690	410	11	35	—	269	229
27	65Mn	25	830	—	—	735	430	9	30	—	285	229
28	70Mn	25	790	—	—	785	450	8	30	—	285	229

五、碳素工具钢

1. 牌号

碳素工具钢平均碳的质量分数为 0.65%～1.35%，属于高碳钢。

碳素工具钢的牌号是在"碳"字汉语拼音首位字母"T"的后面附加数字表示，数字表示平均碳的质量分数的千分数。例如 T12 表示平均碳的质量分数为 1.2% 的碳素工具钢。若为高级优质钢，则在其牌号后加符号 A，如 T12A；若为较高含锰量的碳素工具钢，则在牌号后加锰的元素符号，如 T8MnA。

2. 性能及用途

这类钢的质量较高，要求 S、P 等杂质的含量特别低，是经过精炼的优质钢。碳素工具钢的可加工性好，价格低廉，热处理后的硬度可达 60HRC 以上，有较好的耐磨性。但由于碳素工具钢的热硬性差，刃部温度达到 250℃ 以上时，硬度及耐磨性迅速降低，淬透性较低，淬火时容易变形开裂，故多用于制造手工用工具及低速、小切削用量的机用刀具、量具、模具等。

T7、T8 钢的硬度和韧性较高，可制造冲头、錾子、锤子等工具；T9、T10、T11 钢的硬度高、韧性适中，可制造钻头、刨刀、丝锥、锯条等刃具及冷作模具等；T12、T13 钢的硬度高、韧性较低，可制作锉刀、刮刀等刃具及量规、样套等量具。碳素工具钢应用举例如图 4-3 所示。

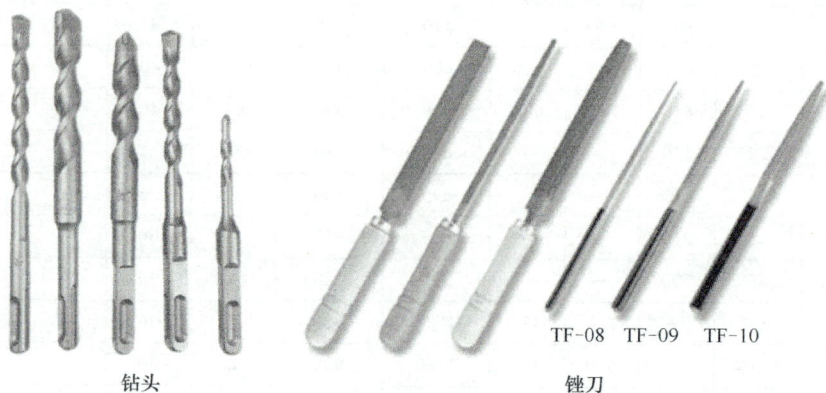

钻头　　　　　　　　　　　锉刀

图 4-3　碳素工具钢应用举例

常用碳素工具钢的牌号、化学成分、力学性能和用途见表 4-5。

表 4-5　常用碳素工具钢的牌号、化学成分、力学性能和用途

牌号	化学成分（质量分数，%）			硬度			用途举例
	C	Mn	Si	退火状态	试样淬火		
				HBW 不大于	淬火温度/℃ 和淬火介质	HRC ≥	
T7	0.65~0.74	≤0.40	≤0.35	187	800~820，水	62	用于制造承受振动、冲击、硬度适中、有较好韧性的工具，如錾子、冲头、木工工具、大锤等
T8	0.75~0.84	≤0.40	≤0.35	187	780~800，水	62	用于制作有较高硬度和耐磨性的工具，如冲头、木工工具、剪切金属用剪刀等
T8Mn	0.80~0.90	0.40~0.60	≤0.35	187	780~800，水	62	与 T8 钢相似，但淬透性高，可制造截面较大的工具
T9	0.85~0.94	≤0.40	≤0.35	192	760~780，水	62	用于制造要求一定硬度和韧性的工具，如冲模、冲头、凿岩工具等

(续)

牌号	化学成分（质量分数，%）			硬度			用途举例
	C	Mn	Si	退火状态	试样淬火		
				HBW 不大于	淬火温度/℃ 和淬火介质	HRC ≥	
T10	0.95~1.04	≤0.40	≤0.35	197	760~780，水	62	用于制造耐磨性要求较高，不受剧烈振动，具有一定韧性及锋利刃口的各种工具，如刨刀、车刀、钻头、丝锥、手锯锯条、拉丝模、冷冲模等
T11	1.05~1.14	≤0.40	≤0.35	207	760~780，水	62	
T12	1.15~1.24	≤0.40	≤0.35	207	760~780，水	62	用于制造不受冲击、高硬度的各种工具，如丝锥、锉刀、刮刀、钻头、板牙、量具等
T13	1.25~1.35	≤0.40	≤0.35	217	760~780，水	62	用于制造不受振动、要求极高硬度的各种工具，如剃刀、刮刀、刻字刀具等

六、铸造碳钢

1. 牌号

铸造碳钢是冶炼后直接铸造成形的钢种。工程用铸造碳钢的牌号由"ZG"即"铸钢"两字的汉语拼音首字首和两组数字组成，前一组数字表示铸钢的屈服强度的最低值，后一组数字表示抗拉强度的最低值，单位为MPa。例如ZG 200-400，表示$R_{eH} \geq 200MPa$，$R_m \geq 400MPa$的铸钢。

以化学成分表示的铸钢牌号中，"ZG"后面一组数字表示铸钢的万分碳含量，其后排列各主要合金元素符号及百分含量，如ZG 15Cr1Mo1V。

2. 性能及用途

生产中有很多形状复杂、在工艺上又很难用锻压方法成形，而且要求有较高的强度和塑性，并承受冲击载荷的大型零件，通常采用铸钢制造，例如：汽车的变速器壳，驱动桥壳，铁路车辆的车钩、车轮、联轴器等。铸钢的铸造性能比铸铁差，但力学性能比铸铁要好。随着铸造技术的进步，铸钢件在组织、性能、精度和表面粗糙度等方面都已接近锻钢件，可以经过少量切削加工甚至不经切削加工即可使用，能大量节约钢材、降低成本，因此得到了更加广泛的应用。

铸造碳钢的牌号、力学性能和用途见表4-6。

表4-6 铸造碳钢的牌号、力学性能和用途

种类	牌号	力学性能（≥）					应用举例
		R_{eH}/MPa	R_m/MPa	A（%）	Z（%）	KV_2/J	
一般工程用铸造碳钢	ZG 200-400	200	400	25	40	30	具有良好的塑性、韧性和焊接性能，用于受力不大、韧性要求高的零件
	ZG 230-450	230	450	22	32	25	具有一定的强度、较好的韧性和焊接性能，用于受力不大、韧性要求高的零件

（续）

种类	牌号	力学性能（≥）					应用举例
		R_{eH}/ MPa	R_m/ MPa	A （%）	Z （%）	KV_2/ J	
一般工程用铸造碳钢	ZG 270-500	270	500	18	25	22	具有较强的韧性，用于受力较大且有一定韧性要求的零件，如连杆、曲轴
	ZG 310-570	310	570	15	21	15	具有较高的强度和较低的韧性，用于载荷较高的零件，如大齿轮、制动轮
	ZG 340-640	340	640	10	18	10	具有高的强度、硬度和耐磨性，用于齿轮、棘轮、联轴器叉头等
焊接结构用铸造碳钢	ZG 200-480H	200	400	25	40	45	由于碳的质量分数偏下限，故焊接性能优良，其用途基本与 ZG 200-400、ZG 230-450、ZG 270-500 相同
	ZG 230-450H	230	450	22	35	45	
	ZG 270-480H	270	480	20	35	40	
	ZG 300-500H	300	500	20	21	40	
	ZG 340-550H	340	550	15	21	35	

模块 2　合金钢

一、合金钢概述

在工业生产中，尽管非合金钢有很多优点，并且因通过改变碳含量和采用相应的热处理改善其性能而满足了很多生产上的要求，但随着现代工业和科学技术的发展，对钢的要求越来越高，非合金钢在许多方面不能满足使用要求，主要表现在以下方面。

1）淬透性差，不适宜制造形状复杂、截面较大的重要零件。

2）回火稳定性差。当为了保证较高的强度采用较低的回火温度时，钢的韧性就偏低；当为了保证较好的韧性采用高的回火温度时，钢的强度又偏低，所以非合金钢的综合力学性能水平不高。用非合金钢制造结构紧凑的机件不能承受高载荷，否则将致使尺寸庞大、笨重。

3）屈服强度和屈强比较低。如普通碳钢 Q235 的屈服强度为 235MPa，而低合金结构钢 Q355（16Mn）的最小上屈服强度则为 360MPa 以上。40 钢的屈强比仅为 0.59，而合金钢 35Cr2Ni4Mo 的屈强比高达 0.86。

4）不能满足某些特殊场合要求的物理、化学性能，如耐高温、耐蚀、高耐磨、抗氧化及特殊的电磁性能等。

合金钢正是为了弥补非合金钢的缺点发展起来的。所谓合金钢，是在非合金钢的基础上，有意识地加入一些合金元素的钢。常加入的元素有锰（Mn）、硅（Si）、铬（Cr）、镍（Ni）、钼（Mo）、钨（W）、钒（V）、钛（Ti）、铌（Nb）、锆（Zr）、稀土（RE）等元素，目前世界上已有数千种合金钢。

合金钢性能虽好，优点虽多，但也存在不足之处。钢中加入合金元素往往使其冶炼、铸造、锻造、焊接及热处理等工艺比非合金钢复杂，成本也较高。因此，当非合金钢能满足要求时，应尽量选用非合金钢，以符合节约原则。

二、合金钢的分类和牌号

1. 合金钢的分类

（1）按用途分类　分为合金结构钢（低合金结构钢、合金渗碳钢、合金调质钢、合金弹簧钢、轴承钢等）、合金工具钢（合金刃具钢、合金量具钢、合金模具钢等）和特殊性能钢（不锈钢、耐热钢和耐磨钢等）。

（2）按合金元素总的含量分类　分为低合金钢（合金元素总的含量小于5%）、中合金钢（合金元素总的含量为5%～10%）和高合金钢（合金元素总的含量大于10%）。

（3）按冶金质量不同分类　分为优质钢、高级优质钢（牌号后加"A"）和特级优质钢（牌号后加"E"）。

（4）按合金元素种类分类　可分为锰钢、铬钢、硼钢、铬镍钢、硅锰钢等。

（5）按金相组织分类　按钢退火态的金相组织可分为亚共析钢、共析钢、过共析钢三种。按钢正火态的金相组织可分为珠光体钢、贝氏体钢、马氏体钢、奥氏体钢和铁素体钢等。

2. 合金钢的牌号

合金钢的牌号采用合金元素符号和数字来表示。简要表示为：数字+合金元素符号+数字。

（1）合金结构钢　合金元素符号最前面的数字（一般用两位数字）表示钢中碳的平均质量分数，以万分数计。合金元素符号后面的数字表示该元素的平均质量分数，以百分数计。若合金元素的质量分数小于1.5%，一般不标出。当平均合金含量为1.5%～2.49%、2.5%～3.49%、3.5%～4.49%……时，则相应地以2、3、4……表示。合金元素符号的顺序一般按含量值递减排列，若两个或多个元素的含量相同，则按英文字母的顺序排列。例如42SiMn，表示碳的平均质量分数为0.42%，硅、锰的平均质量分数均小于1.5%的合金结构钢。12Cr2Ni4表示平均碳含量为0.12%，平均铬含量为2%，平均镍含量为4%的合金渗碳钢。

低合金高强度结构钢的牌号由屈服强度的"屈"字汉语拼音首位字母Q、规定的最小上屈服强度数值、交货状态代号和质量等级符号（B、C、D、E）四部分按顺序组成。例如Q355ND，表示规定的最小上屈服强度为355MPa，交货状态为正火或正火轧制，质量等级为D级的低合金高强度结构钢。如果是专用结构钢，一般在低合金高强度结构钢表示方法的基础上附加钢产品的用途符号，如HP345表示焊接气瓶用钢；Q345R表示压力容器用钢；Q420q表示桥梁用钢。

（2）合金工具钢　合金工具钢牌号的前一位数字表示钢中碳的平均质量分数，以千分数计。碳的平均质量分数超过1%时，一般不标出。合金元素符号后面的数字表示该元素的平均质量分数，以百分数计。若合金元素的质量分数小于1.5%，一般不标出。例如9SiCr，表示碳的平均质量分数为0.9%，硅和铬的平均质量分数均小于1.5%的合金工具钢。Cr12MoV表示碳的平均质量分数大于1%，铬的平均质量分数为12%，钼和钒的平均质量分数均小于 1.5% 的合金工具钢。

高速工具钢中碳的质量分数的表示方法有所不同，当碳的质量分数小于 1% 时，也不标出，例如 W18Cr4V。为了区别牌号，可以在牌号头部加"C"表示高碳高速工具钢。

（3）滚动轴承钢　滚动轴承钢的牌号由 G+Cr+数字组成，其中"G"是"滚"字汉语拼音首位字母，"Cr"是合金元素铬的符号，数字表示含铬的质量分数的千分数，如钢中含有其他合金元素，依次在数字后边写出元素符号及含量。例如 GCr15SiMn，表示铬的平均质量分数为 1.5%，硅和锰的平均质量分数均小于 1.5% 的滚动轴承钢。G20Cr2Ni4 表示平均碳含量为 0.20%，平均铬含量为 2%，平均镍含量为 4% 的渗碳轴承钢。

高碳铬轴承钢的含铬量用千分数计，如高碳铬轴承钢"GCr15"，表示平均铬含量为 1.5%。低铬（平均铬含量<1%）合金工具钢，其铬含量亦用千分数表示，但在含量数值之前加一数字"0"。例如平均铬含量为 0.6% 的合金工具钢，牌号为"Cr06"。

（4）特殊性能钢　特殊性能钢的牌号表示方法与合金结构钢基本相同。例如 20Cr13，表示碳的平均质量分数为 0.20%，铬的平均质量分数为 13% 的特殊性能钢；06Cr19Ni10 表示碳的平均质量分数为 0.06%，铬的平均质量分数为 19%，镍的平均质量分数为 10% 的特殊性能钢。

特殊性能钢中，对于不锈钢和耐热钢，当其碳含量上限不大于 0.10% 时，以其上限的 3/4 表示碳含量，如"06"表示碳含量上限为 0.08%。若其碳含量大于 0.10% 时，以其上限的 4/5 表示，如"16"表示碳含量上限为 0.20%，"12"表示碳含量上限为 0.15%。对于超低碳不锈钢，即碳含量不大于 0.030%，用 3 位数字表示碳含量最佳控制值（以十万分数计），如"022"表示碳含量上限为 0.030%，"015"表示碳含量上限为 0.020%。

三、合金元素在钢中的作用

（1）合金元素与铁和碳的作用　合金元素在钢中主要以两种形式存在：一种是溶解在铁素体内，形成合金铁素体；另一种是与碳化合，形成合金碳化物。

大多数合金元素（与碳亲和力弱的非碳化物形成元素，如 Ni、Si、Al、Co 等）都能不同程度地溶解在铁素体中，形成合金铁素体。铁素体的强度和硬度提高，而塑性、韧性却有所下降。

与碳亲和力强的碳化物形成元素，如 Ti、Zr、Nb、V、Mo、Cr、Mn（依次由强到弱）等，与碳结合形成合金渗碳体或碳化物，特点是熔点高、硬度高，且很稳定，不易分解。

（2）合金元素对铁碳合金相图的影响

1）合金元素会使奥氏体的单相区扩大或缩小。Mn、Ni、N、Co、Zn 等元素扩大了奥氏体相区，使 A_3 点下降，如高锰钢或高镍钢在室温下仍为奥氏体组织，被称为奥氏体钢。而 Zr、W、Mo、V、Ti、Si 等元素使 A_3 点上升，使奥氏体区缩小，室温下为铁素体组织，工业用高硅变压器钢、高铬不锈钢等都属于铁素体钢。铬的作用比较特殊，当含量小于 7% 时，使 A_3 点温度降低；含量大于 7% 时，使 A_3 点温度上升。

2）合金元素对铁碳合金相图 S 点（共析点）和 E 点（碳在奥氏体中的最大溶解度点，$w_C = 2.11\%$）的影响。扩大奥氏体相区的元素使铁碳合金相图中的共析转变温度（A_1）下降，缩小奥氏体相区的元素则使其上升。几乎所有元素均使 S 点和 E 点左移。

（3）合金元素对钢的热处理的影响　合金元素对钢热处理的影响主要表现在对加热、

冷却和回火过程中相变的影响。

1）阻碍奥氏体晶粒长大。大多数合金元素（除 Ni、Co 外）均减慢奥氏体的形成，因为它们使碳的扩散能力降低，减慢奥氏体形成的速度，使奥氏体的均匀化过程变得困难。

2）提高钢的淬透性。除 Co 外，合金元素溶入奥氏体后，都不同程度地增大过冷奥氏体的稳定性，使等温转变图（C 曲线）右移，减小了临界冷却速度，提高了钢的淬透性。

3）提高钢的回火稳定性。回火稳定性是指钢对回火时发生软化过程的抵抗能力。由于合金元素溶入马氏体，使回火过程中各个转变速度显著减慢，延缓了马氏体分解；此外，残留奥氏体分解时，阻止碳化物聚集长大，因此提高了钢的回火稳定性。

4）产生二次硬化。当含 W、Mo、V、Ti 量较高的淬火钢在 500～600℃ 温度范围回火时，其硬度不降反升，这种在回火时硬度升高的现象称为二次硬化。二次硬化对高温下工作的钢，特别是高速切削工具钢及热加工模具钢是极为重要的性能。

四、合金结构钢

合金结构钢是用于制造各种机器零件和各类工程结构的钢。这类钢是在碳素结构钢的基础上加入一些合金元素以提高其性能。通常分为低合金结构钢、合金渗碳钢、合金调质钢、合金弹簧钢、滚动轴承钢等。

1. 低合金结构钢

低合金结构钢是结合我国资源条件发展起来的钢种，它是在碳素结构钢的基础上加入少量合金元素制成的，其碳的质量分数<0.2%，合金元素的质量分数<3%。这类钢与碳含量相同的碳素结构钢相比具有较高的强度和良好的综合力学性能，因而常称为低合金高强度钢，适用于一般工程结构和机械制造，如桥梁、船舶、车辆、锅炉、高压容器、输油管、建筑钢筋等。

低合金结构钢的牌号表示方法与普通碳素结构钢的牌号表示方法相同，如 Q355 表示最小上屈服强度为 355MPa 的低合金结构钢。

这类钢通常是在热轧后经退火或正火状态下使用。它的使用性能主要靠加入 Mn、Si 等元素起到强化铁素体、提高强度的作用；加入 V、Ti 等元素主要是细化组织、提高韧性；Cu、P 等元素在钢中能提高钢的耐蚀性。

常用低合金高强度结构钢的牌号及化学成分见表4-7。

表 4-7 常用低合金高强度结构钢的牌号及化学成分

牌号		化学成分（质量分数，%）														
		C[①]		Si	Mn	P[③]	S[③]	Nb[④]	V[⑤]	Ti[⑤]	Cr	Ni	Cu	Mo	N[⑥]	B
钢级	质量等级	以下公称厚度或直径/mm														
		≤40[②]	>40	不大于												
		不大于														
Q355	B	0.24		0.55	1.60	0.035	0.035	—	—	—	0.30	0.30	0.40	—	0.012	—
	C	0.20	0.22			0.030	0.030									
	D	0.20	0.22			0.025	0.025								—	

（续）

牌号		化学成分(质量分数,%)													
钢级	质量等级	C[1]		Si	Mn	P[3]	S[3]	Nb[4]	V[5]	Ti[5]	Cr	Ni	Cu	Mo	N[6]	B
		以下公称厚度或直径/mm														
		≤40[2]	>40	不大于												
		不大于														
Q390	B	0.20		0.55	1.70	0.035	0.035	0.05	0.13	0.05	0.30	0.50	0.40	0.10	0.015	—
	C					0.030	0.030									
	D					0.025	0.025									
Q420[7]	B	0.20		0.55	1.70	0.035	0.035	0.05	0.13	0.05	0.30	0.80	0.40	0.20	0.015	—
	C					0.030	0.030									
Q460[7]	C	0.20		0.55	1.80	0.030	0.030	0.05	0.13	0.05	0.30	0.80	0.40	0.20	0.015	0.004

① 公称厚度大于 100mm 的型钢，碳含量可由供需双方协商确定。

② 公称厚度大于 30mm 的钢材，碳含量不大于 0.22%。

③ 对于型钢和棒材，其磷和硫含量上限值可提高 0.005%。

④ Q390、Q420 最高可到 0.07%，Q460 最高可到 0.11%。

⑤ 最高可到 0.20%。

⑥ 如果钢中酸溶铝 Als 含量不小于 0.015%或全铝 Alt 含量不小于 0.020%，或添加了其他固氮合金元素，氮元素含量不作限制，固氮元素应在质量证明书中注明。

⑦ 仅适用于型钢和棒材。

2. 合金渗碳钢

合金渗碳钢主要用于制造在冲击载荷和强烈摩擦及磨损条件下工作的零件，如汽车、拖拉机中的变速齿轮，内燃机中的凸轮轴、活塞销等。合金渗碳钢应用举例如图 4-4 所示。

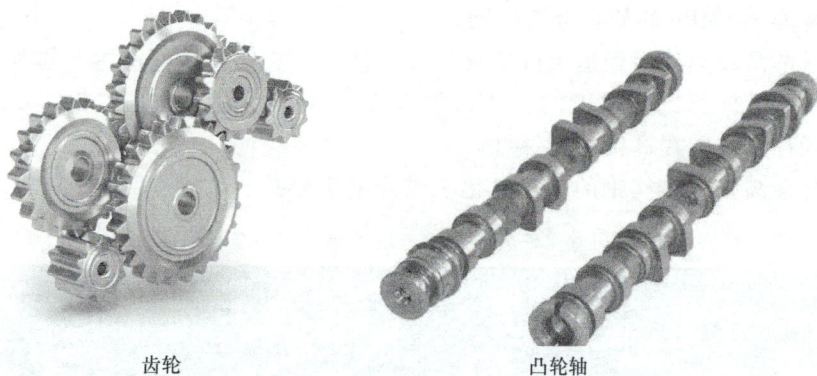

齿轮　　　　　　　　　　凸轮轴

图 4-4　合金渗碳钢应用举例

这类钢的碳含量一般很低，碳的质量分数在 0.1% ~ 0.25% 之间，经渗碳、淬火和低温回火后，表面具有高硬度、高耐磨性而心部具有足够的塑性和韧性。为了提高淬透性，加入 Cr、Mn、Ni、B 等强化渗碳层和心部组织。此外，还加入微量的 Mo、W、V、Ti 等强碳化物形成元素，这些元素形成的稳定合金碳化物，除了能防止渗碳时晶粒长大外，还能增加渗碳层硬度，提高耐磨性。

合金渗碳钢按淬透性的高低分为低淬透性钢（15Cr、20Cr、20Mn2 等）、中淬透性钢（20CrMn、20CrMnTi、20Mn2TiB 等）及高淬透性钢（18Cr2Ni4W、20Cr2Ni4 等）三类。常用合金渗碳钢的牌号、力学性能及用途见表4-8。

表4-8 常用合金渗碳钢的牌号、力学性能及用途

种类	牌号	热处理工艺				力学性能（≥）					用途举例
		渗碳温度/℃	第一次淬火温度/℃	第二次淬火温度/℃	回火温度/℃	R_{eL}/MPa	R_m/MPa	A（%）	Z（%）	KU_2/J	
低淬透性	15Cr		880（水、油）	770~820（水、油）		490	735	11	45	55	船舶主机螺钉、活塞销、凸轮，机车小零件及心部韧性高的渗碳零件
	20Cr		880（水、油）	780~820（水、油）		540	835	10	40	47	机床齿轮、齿轮轴、蜗杆、活塞销及气门顶杆等
	20Mn2		850（水、油）	—		590	785	10	40	47	代替20Cr等
	20MnV		880（水、油）	—		590	785	10	40	55	代替20Cr等
中淬透性	20CrMnTi	900~950	880（油）	870（油）	200（水、空气）	850	1080	10	45	55	汽车、拖拉机的变速齿轮，凸轮，是Cr-Ni钢的代用品
	12CrNi3		860（油）	780（油）		685	930	11	50	71	大齿轮、轴
	20CrMnMo		850（油）	—		885	1180	10	45	55	代替含镍较高的渗碳钢制作大型拖拉机齿轮、活塞销等大截面渗碳件
	20MnVB		860（油）	—		885	1080	10	45	55	代替20CrMnTi、20CrNi等
高淬透性	12Cr2Ni4		860（油）	780（油）		835	1080	10	50	71	大齿轮、轴
	20Cr2Ni4		880（油）	780（油）		1080	1180	10	45	63	大型渗碳齿轮、轴及飞机发动机齿轮
	18Cr2Ni4W		950（空气）	850（空气）		835	1180	10	45	78	坦克齿轮，高速柴油机、飞机发动机曲轴、齿轮

注：表中各牌号力学性能试验用试样尺寸（直径或厚度）为15mm。

3. 合金调质钢

采用调质处理，即淬火+高温回火后使用的机械结构钢，统称为调质钢，属于整体强化态钢。调质后得到回火索氏体组织，综合力学性能好，用于受力较复杂的重要结构零件，如汽车后桥半轴、连杆、螺栓及各种轴类零件。

目前，调质钢的强化工艺已不限于淬火+高温回火，还可采用正火、等温淬火、低温回火等工艺。调质钢在机械零件中的用量最大。合金调质钢应用举例如图4-5所示。

合金调质钢中碳的质量分数为 0.3%~0.5%，属于中碳钢。碳的质量分数在这一范围内可保证钢的综合性能。碳的质量分数过低，会影响钢的强度指标；碳的质量分数过高，则韧

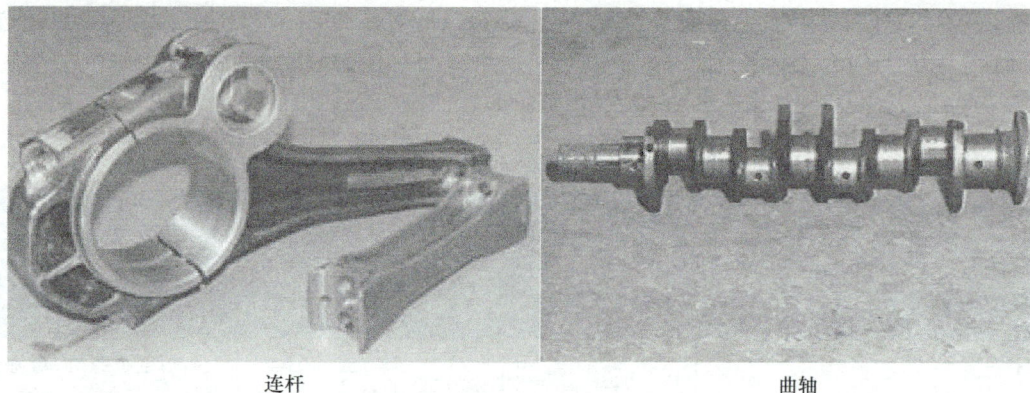

连杆　　　　　　　　　　曲轴

图 4-5　合金调质钢应用举例

性将显得不足。对于合金调质钢，随合金元素的增加，碳的质量分数趋于下限。

调质钢中的主加合金元素为 Cr、Mn、Ni、Si、B 等，主要目的是提高淬透性。除硼（B）外，这些合金元素除了提高淬透性外，还能形成合金铁素体，提高钢的强度。例如，经调质处理的 40Cr 的强度比 45 钢高很多。

加入少量强碳化物形成元素 Ti、V、W、Mo 等，可形成稳定的合金碳化物，阻碍奥氏体晶粒长大，从而可细化晶粒和提高耐回火性。其中 W、Mo 还可以防止第二类回火脆性，其适宜含量为：$w_{Mo} = 0.2\% \sim 0.3\%$，不大于 0.6%，应用较多；$w_W = 0.4\% \sim 0.6\%$，不大于 1.2%，即所谓"一钼抵二钨"。

预备热处理的目的是消除因热加工不当而造成的粗大组织和带状组织，以改善可加工性。对于珠光体调质钢，一般采用在 Ac_3 线以上加热进行正火，可细化晶粒，改善可加工性。而马氏体调质钢正火后可能得到马氏体组织，所以必须先退火或正火后再进行高温回火，使其组织转变为粒状珠光体，回火后硬度可由 380~550HBW 降至 207~240HBW，此时可顺利地进行切削加工。

调质钢的最终热处理是淬火加高温回火（调质处理）。合金调质钢的淬透性较高，一般采用油淬，淬透性特别大时甚至可以空冷，这能减少热处理缺陷。

调质钢的最终性能取决于回火温度，一般采用 500~650℃ 回火。通过选择回火温度，可以获得所要求的性能（具体可查热处理手册中有关钢的回火曲线）。为防止第二类回火脆性，回火后应快冷（水冷或油冷），这样有利于韧性的提高。当要求零件具有特别高的强度（$R_m = 1600 \sim 1800MPa$）时，在 200℃ 左右回火，得到中碳马氏体组织，这也是发展超高强度钢的重要方向之一。

对于表面要求耐磨的零件（如齿轮、主轴），在调质处理后再进行感应淬火及低温回火，表面硬度可达 55~58HRC。

在机械制造工业中，调质钢是按淬透性高低来分级的，一般分为低淬透性调质钢、中淬透性调质钢和高淬透性调质钢。常用合金调质钢的牌号、化学成分、热处理、力学性能及用途见表 4-9~表 4-11。

表4-9　常用低淬透性合金调质钢的牌号、化学成分、热处理、力学性能及用途

牌号		35SiMn	40MnB	40MnVB	40Cr
化学成分（质量分数，%）	C	0.32~0.40	0.37~0.44	0.37~0.44	0.37~0.44
	Mn	1.10~1.40	1.10~1.40	1.10~1.40	0.50~0.80
	Si	1.10~1.40	0.17~0.37	0.17~0.37	0.17~0.37
	Cr	—	—	—	0.80~1.10
	其他	—	w_B:0.0008~0.0035	w_V:0.05~0.10 w_B:0.0008~0.0035	—
热处理	淬火温度/℃	900（水）	850（油）	850（油）	850（油）
	回火温度/℃	570（水、油）	500（水、油）	520（水、油）	520（水、油）
力学性能 ≥	R_m/MPa	885	980	980	980
	R_{eL}/MPa	735	785	785	785
	A(%)	15	10	10	9
	KU_2/J	47	47	47	47
用途		除要求低温（-20℃以下）韧性很高的情况外，可全面代替40Cr	代替40Cr	可代替40Cr及部分代替40CrNi制作重要零件，也可代替38CrSi制作重要销钉	制作重要调质件，如轴类件、连杆、螺栓、进气阀和重要齿轮等

低淬透性调质钢45钢和40Cr是用途最广泛的低淬透性调质钢。45钢为非合金钢，用作截面尺寸较小或不要求完全淬透的零件，由于其淬透性较低，只能用水或盐水淬火。低淬透性合金钢中合金元素的质量分数小于3%，油淬临界直径最大为30~40mm，广泛用于制造一般尺寸的重要零件，如轴、齿轮、连杆、螺栓等，典型钢种是40Cr、40MnB、35SiMn、40MnVB、40Mn2等。

表4-10　常用中淬透性合金调质钢的牌号、化学成分、热处理、力学性能及用途

牌号		38CrSi	30CrMnSi	40CrNi	35CrMo
化学成分（质量分数，%）	C	0.35~0.43	0.28~0.34	0.37~0.44	0.32~0.40
	Mn	0.30~0.60	0.80~1.10	0.50~0.80	0.40~0.70
	Si	1.00~1.30	0.90~1.20	0.17~0.37	0.17~0.37
	Cr	1.30~1.60	0.80~1.10	0.45~0.75	0.80~1.10
	其他	—	—	w_{Ni}:1.00~1.40	w_{Mo}:0.15~0.25
热处理	淬火温度/℃	900（油）	880（油）	820（油）	850（油）
	回火温度/℃	600（水、油）	540（水、油）	500（水、油）	550（水、油）
力学性能 ≥	R_m/MPa	980	1080	980	980
	R_{eL}/MPa	835	835	785	835
	A(%)	12	10	10	12
	KU_2/J	55	39	55	63
用途		制作载荷大的轴类件及车辆上的重要调质件	高强度钢，制作高速载荷砂轮轴，车辆上的内、外摩擦片等	制作汽车、拖拉机、机床、柴油机的轴、齿轮、螺栓等	制作重要调质件，如曲轴、连杆及代替40CrNi制作大截面轴

表 4-11　常用高淬透性合金调质钢的牌号、化学成分、热处理、力学性能及用途

	牌号	38CrMoAl	37CrNi3	40CrMnMo	25Cr2Ni4W	40CrNiMo
化学成分(质量分数,%)	C	0.35~0.42	0.34~0.41	0.37~0.45	0.21~0.28	0.37~0.44
	Mn	0.30~0.60	0.30~0.60	0.90~1.20	0.30~0.60	0.50~0.80
	Si	0.20~0.45	0.17~0.37	0.17~0.37	0.17~0.37	0.17~0.37
	Cr	1.35~1.65	1.20~1.60	0.90~1.20	1.35~1.65	0.60~0.90
	其他	w_{Mo}:0.15~0.25 w_{Al}:0.70~1.10	w_{Ni}:3.00~3.50	w_{Mo}:0.20~0.30	w_{Ni}:4.00~4.50 w_{W}:0.80~1.20	w_{Ni}:1.25~1.65 w_{Mo}:0.15~0.25
热处理	淬火温度/℃	940(水、油)	820(油)	850(油)	850(油)	850(油)
	回火温度/℃	640(水、油)	500(水、油)	600(水、油)	550(水,油)	600(水、油)
力学性能 ≥	R_m/MPa	980	1130	980	1080	980
	R_{eL}/MPa	835	980	785	930	835
	A(%)	14	10	10	11	12
	KU_2/J	71	47	63	71	78
	用途	制作氮化零件,如高压阀门、缸套等	制作大截面并要求高强度、高韧性的零件	相当于40CrNiMo的高级调质钢	制作力学性能要求很高的大截面零件	制作高强度零件,如航空发动机曲轴,在500℃以下工作的喷气发动机承载零件

　　中淬透性调质钢中合金元素的质量分数为 4% 左右,油淬临界直径为 40~60mm,用于制造截面较大、承受较大载荷的零件,如曲轴、连杆等,典型钢种为 38CrSi、40CrNi、30CrMnSi、35CrMo、40CrMn、42CrMo。

　　高淬透性调质钢中合金元素的质量分数为 4%~10%,油淬临界直径为 60~100mm,最大可达 300mm,多半为铬镍钢。Cr、Ni 的适当配合,可大大提高淬透性,并能获得比较优良的综合力学性能,用于制造大截面、承受大载荷的重要零件,如汽轮机主轴、压力机曲轴、航空发动机曲轴等,常用钢种为 40CrNiMo、37CrNi3、25Cr2Ni4W 等。

4. 合金弹簧钢

　　合金弹簧钢主要用于制造各种重要的弹性元件,如各种弹簧等。合金弹簧钢中碳的质量分数一般在 0.45%~0.7% 之间,主要加入的合金元素为 Si、Mn,其作用是提高淬透性和回火稳定性,同时也可提高屈强比。重要用途的弹簧钢中还常加入 Cr、V、W 等元素,以减少脱碳、过热倾向,并细化晶粒及进一步提高弹性极限、屈强比等,同时有利于提高弹簧的高温强度。

　　合金弹簧钢中应用最广泛的是 60Si2Mn,常用于制作汽车、坦克、车辆上的板弹簧和螺旋弹簧,起减振作用。在高温及高负荷下工作的阀门弹簧、高速柴油机气门弹簧可采用淬透性更好、强度更高的钢种,如 50CrVA、60Si2CrVA 等。

　　大型弹簧一般要经热成形后进行淬火和中温回火,以提高弹性极限和屈服强度;而对于钢丝直径小于 8mm 的小型弹簧,一般由冷拔弹簧钢丝冷卷成形,成形后不再淬火,只进行低温退火,以消除内应力、稳定尺寸。图 4-6 所示为各种弹簧。

　　常用合金弹簧钢的牌号、热处理、力学性能及用途见表 4-12。

图 4-6 各种弹簧

表 4-12 常用合金弹簧钢的牌号、热处理、力学性能及用途

牌号	热处理		力学性能（不小于）			用途举例
	淬火温度 /℃	回火温度 /℃	R_m /MPa	R_{eL} /MPa	Z (%)	
60Si2Mn	870（油）	440	1570	1375	20	用途广，主要用于制造各种弹簧，如汽车、拖拉机、机车的减振板簧和螺旋弹簧，一般要求的汽车稳定杆、低应力的货车转向架弹簧等
60Si2CrA	870（油）	420	1765	1570	20	用作承受高应力及 300~350℃ 以下的弹簧，如汽轮机汽封弹簧、破碎机用弹簧等
50CrVA	850（油）	500	1275	1130	40	用作高载荷重要弹簧及工作温度小于 300℃ 的阀门弹簧、活塞弹簧、安全阀弹簧等
30W4Cr2VA	1050~1100（油）	600	1470	1325	40	用于工作温度 500℃ 以下的耐热弹簧，如锅炉安全阀弹簧、汽轮机汽封弹簧等

5. 滚动轴承钢

用于制造滚动轴承的钢称为滚动轴承钢。

滚动轴承在工作时，滚动体（滚珠或滚柱）和内套均受周期性交变载荷，由于接触面积很小，应力可达 3000~3500MPa，循环受力次数可达每分钟几百万次，往往造成接触疲劳破坏，产生麻点或剥落。除滚动外，也有滑动产生摩擦，造成磨损而丧失精度。因此滚动轴承钢要求具有高且均匀的硬度和耐磨性，高的弹性极限和接触疲劳强度，足够的韧性和淬透性，同时在大气或润滑剂中具有一定的抗蚀能力，以及对钢的纯度（非金属夹杂物等）、组织均匀性、碳化物的分布情况及脱碳程度等都有严格的要求，否则会显著缩短寿命。图 4-7 所示为各种滚动轴承。

图 4-7 各种滚动轴承

滚动轴承钢中碳的质量分数为 0.95%～1.10%，高碳是为了保证钢经热处理后具有高硬度和耐磨性。在轴承钢中加入的合金元素是 Cr、Mn、Si、V、Mo、RE 等，其作用是提高钢的淬透性、回火稳定性及韧性，并细化晶粒、使组织均匀等。

滚动轴承钢的热处理工艺主要为球化退火、淬火和低温回火。球化退火是为了降低硬度，改善切削加工性能，并为淬火做好组织准备。淬火后进行低温回火，得到回火马氏体、分布均匀的细粒状碳化物及少量残留奥氏体，回火后硬度为 61～65HRC。对于精密轴承，在淬火后应进行冷处理-60～-80℃，减少残留奥氏体量，消除内应力，以保证尺寸的稳定性。对于中、小型轴承，最常用的轴承钢为 GCr15；对于大型、重负荷轴承，多采用含 Mn、Mo、Si、V 的轴承钢，如 GCr15SiMn 等。此外，为了节约 Cr，我国研制出无铬轴承，如 GSiMn-MoV、GSiMnV 等。

常用滚动轴承钢的牌号、性能及应用见表 4-13。滚动轴承钢现已不限于用作滚动轴承，量具、模具、低合金刀具等方面也被广泛应用。

表 4-13 常用滚动轴承钢的牌号、性能及应用

	牌号	性能特点	应用举例
高碳铬轴承钢	GCr15	高碳铬轴承钢的代表钢种，综合性能良好，淬火与回火后具有高且均匀的硬度，良好的耐磨性和高的接触疲劳寿命，热加工变形性能和切削加工性能均好，但焊接性差，对白点形成较敏感，有回火脆性倾向	用于制造壁厚≤12mm、外径≤250mm 的各种轴承套圈，也用作尺寸范围较宽的滚动体，如钢球、圆锥滚子、圆柱滚子、球面滚子、滚针等；还用于制造模具、精密量具及其他要求高耐磨性、高弹性极限和高接触疲劳强度的机械零件
	GCr15SiMn	在 GCr15 基础上适当增加 Si、Mn 含量，其淬透性、弹性极限、耐磨性均有明显提高，冷加工塑性中等，切削加工性能稍差，焊接性能不好，对白点形成较敏感，有回火脆性倾向	用于制造大尺寸的轴承套圈、钢球、圆锥滚子、圆柱滚子、球面滚子等；轴承零件的工作温度小于 180℃；还用于制造模具、量具、丝锥，以及其他要求硬度高且耐磨的零部件
高碳铬不锈轴承钢	G95Cr18	具有高的硬度和回火稳定性，淬火冷处理和低温回火后有更高的耐磨性、弹性、硬度和接触疲劳强度、优良的耐蚀性和低温性能，切削性能及冷冲性良好，磨削和导热性差	用于制造耐蚀的轴承套圈及滚动体，如海水、河水、蒸馏水、硝酸、化工石油、原子反应堆中的轴承，还可作耐蚀高温轴承钢使用（温度不高于 250℃），亦可用于制造高质量的刀具，如医用手术刀及耐磨、耐蚀但动载荷较小的其他零件
	G102Cr18Mo		
	G65Cr14Mo		
渗碳轴承钢	G20CrNiMo	有良好的塑性、韧性和强度，渗碳或碳氮共渗后表面有相当高的硬度，耐磨性好，接触疲劳寿命明显优于 GCr15 钢；心部碳含量低，有足够的韧性承受冲击载荷	制作耐冲击载荷轴承的良好材料，用作承受冲击载荷的汽车轴承和中小型轴承，也用作汽车、拖拉机齿轮及牙轮钻头的牙爪和牙轮体
	G20CrNi2Mo	渗碳后表面硬度高，耐磨性好，具有中等表面硬度，心部韧性好，可耐冲击载荷，钢的冷热加工塑性较好，能加工成棒、板、带及无缝钢管	用于承受较高冲击载荷的滚子轴承，如铁路货车轴承套圈和滚子，也用作汽车齿轮、活塞杆、万向节轴、圆头螺栓等
	G20Cr2Ni4	常用的渗碳结构钢，用于制作轴承。渗碳后表面有相当高的硬度、耐磨性和接触疲劳强度，而心部韧性好，可耐强烈冲击载荷，焊接性中等，有回火脆性倾向，对白点形成较敏感	制作耐冲击载荷的大型轴承，如轧钢机轴承等，也用作其他大型渗碳件，如大型齿轮、轴等，还可用于制造要求强韧性高的调质件

五、合金工具钢

合金工具钢比碳素工具钢具有更高的硬度、耐磨性，特别是具有更好的淬透性、热硬性和回火稳定性等，因而可以制造截面大、形状复杂、性能要求高的刃具、模具、量具和其他工具。

1. 合金刃具钢

刃具钢用于制造各种刀具，主要指车刀、铣刀、钻头、丝锥、板牙等切削刀具的钢种。刀具的工作任务就是将钢材或坯料通过切削加工成为工件。在切削时，刀具受到工件的压力，刃部与切屑之间产生摩擦热与磨损，切削速度越大，温度越高，有时可达500~600℃，此外，还承受一定的冲击和振动。因此要求刃具钢应具有高硬度、高耐磨性、高的热硬性，以及一定的强度、韧性和塑性，以免在受到冲击和振动载荷时产生突然断裂。图4-8所示为各种刀具。

（1）低合金工具钢　低合金工具钢是在碳素工具钢的基础上，加入少量的合金元素 Cr、Mn、Si、W、V 等提高钢的淬透性和回火稳定性，因而能提高钢的强度、耐磨性和热硬性，使其在 230~260℃ 回火后硬度仍保持 60HRC 以上，从而保证一定的热硬性。

图 4-8　各种刀具

低合金工具钢中常用的有 9SiCr、9Mn2V、CrWMn、Cr06 等。

9SiCr 有较高的淬透性和耐回火性，且其组织中的碳化物均匀、细小，油淬临界直径可达 40~50mm，热硬性可达 250~300℃，耐磨性高，不易崩刃。9SiCr 过冷奥氏体中温转变区的孕育期较长，可采用分级或等温淬火，以减少变形，因而常用于制作形状复杂、要求变形小的刀具，如丝锥、板牙等。

CrWMn 中碳的质量分数为 0.90%~1.05%，同时加入 Cr、W、Mn，使钢具有更高的硬度（64~66HRC）和耐磨性，但热硬性不如 9SiCr。CrWMn 热处理后变形小，故称其为微变形钢，主要用来制造较精密的低速刀具，如长铰刀、拉刀等。

低合金工具钢的预备热处理是球化退火，最终热处理为淬火+低温回火，其组织为回火马氏体+未溶碳化物+残留奥氏体，硬度为 60~65HRC。

（2）高速工具钢　高速工具钢是一种高碳合金工具钢，用高速工具钢制的刀具，可以进行高速切削，其主要特性是具有良好的热硬性。当切削温度高达 600℃ 左右时硬度仍无明显下降，俗称锋钢。高速工具钢中含有大量的合金元素 W、Mo、Cr、V 等，使钢具有高的硬度和耐磨性，较高的热硬性，足够的强度和韧性等。

高速工具钢的铸态组织中有粗大的鱼骨状合金碳化物，使钢的力学性能降低。这种碳化物不能用热处理来消除，只有采用反复锻击的办法将其击碎，并均匀分布在基体上。高速工具钢锻造之后，要进行退火，以消除应力，降低硬度，为以后的淬火做组织上的准备。

高速工具钢只有通过正确的淬火和回火才能使性能充分发挥出来。图4-9所示为 W18Cr4V 钢的最终热处理工艺曲线。

高速工具钢含有大量合金元素，导热性较差，而加热温度又很高，为了减小淬火内应力

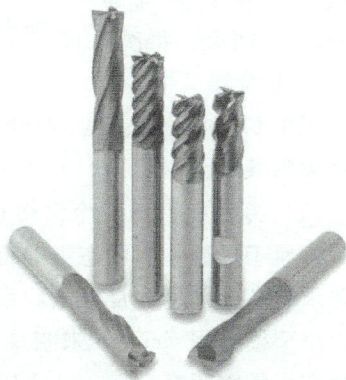

和工件的变形，必须进行预热后再加热到淬火温度。淬火温度较高的目的是使大量的合金碳化物溶入奥氏体中，以得到良好的热硬性。

高速工具钢淬火后，还保留一部分残留奥氏体，一次回火难以全部消除，影响钢的硬度和耐磨性，故须经多次回火使其全部转变，一般采用560℃三次回火，每次保温1h。

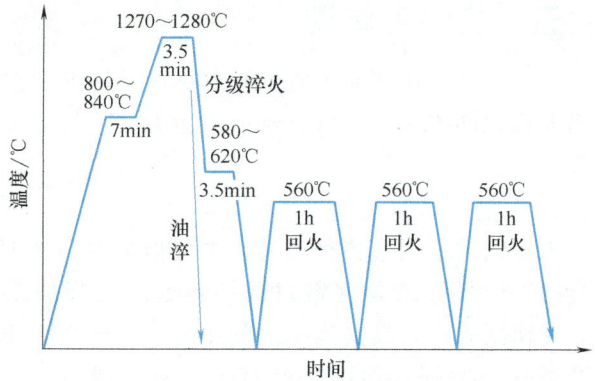

图 4-9　W18Cr4V 钢的最终热处理工艺曲线

2. 合金模具钢

用于制作冷、热模具的合金钢称为合金模具钢。

（1）冷作模具钢　冷作模具包括冷冲模、冷镦模、冷挤压模及拉丝模、滚丝模、搓丝板等，属于接近室温状态下对金属进行变形加工的一种模具，又称为冷变形模具。冷作模具钢要求有高的硬度和良好的耐磨性，以及足够的强度和韧性，良好的工艺性，热处理变形要小。小型模具用 CrWMn 来制造，大型模具采用淬透性高、耐磨性高的 Cr12 钢来制造，常用的冷作模具钢还有 9SiCr 和 Cr12MoV 等。

这类钢的热处理工艺是球化退火、淬火和低温回火，回火后组织是回火马氏体、合金碳化物和少量的残留奥氏体。

（2）热作模具钢　在高温下工作的模具如热锻模、热冲模和压铸模等，不仅承受较大的冲击负荷，而且还反复受到炽热金属的加热和冷却介质冷却的交替作用，常出现崩裂、塌陷、磨损、龟裂等失效现象。因此，热作模具钢要求在高温下有高的强度及足够的耐磨性和韧性，良好的耐热疲劳性，为使整体性能一致，还需有良好的淬透性。

热作模具钢是碳含量不高于 0.5%～0.6%，并含有 Cr、Ni、Mn、Si、Mo 等合金元素的亚共析钢。目前常采用 5CrMnMo 和 5CrNiMo 制作热锻模，采用 3Cr2W8 制作热挤压模等。

图 4-10 所示为冷、热作模具。

对热作模具钢要反复锻造，目的是使碳化物均匀分布。锻造后的预备热处理一般是完全退火，其目的是消除锻造应力、降低硬度（197～241HBW），以便于切削加工。

a) 冷作模具　　　　　　b) 热作模具

图 4-10　冷、热作模具

热作模具钢的最终热处理根据其用途而有所不同。热锻模的热处理和调质钢相似，淬火后高温（550℃左右）回火，以获得回火索氏体或回火托氏体组织；热挤压模、压铸模的热处理与高速工具钢类似，淬火后在略高于二次硬化的峰值温度（600℃左右）下回火，组织为回火马氏体、粒状碳化物和少量残留奥氏体。

3. 合金量具钢

合金量具钢用于制造各种测量工具，如卡尺、千分尺、量规、块规等。图4-11所示为千分尺。

为了保证量具的精确度，制造量具的钢应具有良好的尺寸稳定性、较高的硬度及耐磨性。量具钢没有专用钢。一般的量具可以用碳素工具钢、合金工具钢和滚动

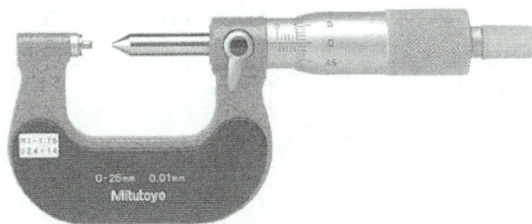
图 4-11 千分尺

轴承钢来制造；复杂的精密量具用低合金刃具钢制造；耐蚀性较高的量具用不锈钢制造；尺寸小、形状简单、精度较低的量具，用高碳钢制造；一般采用微变形钢制造精度要求较高的量具，如CrWMn、GCr15等。量具用钢举例见表4-14。

表 4-14 量具用钢举例

量具	钢号
平样板或卡板	10、20 或 50、55、60、60Mn、65Mn
一般量规与块规	T10A、T12A、9SiCr
高精度量规与块规	Cr 钢、CrMn 钢、GCr15
高精度且形状复杂的量规与块规	CrWMn（微变形钢）
耐蚀量具	40Cr13、95Cr18（不锈钢）

六、特殊性能钢

特殊性能钢是指不锈钢、耐热钢、耐磨钢等一些具有特殊的物理和化学性能的钢，又称为特殊用途钢，简称特殊钢。

1. 不锈钢

不锈钢是指在大气和一般介质中具有高耐蚀性的钢。钢中铬的质量分数大于12%时，就会使钢表面形成致密的氧化膜（Cr_2O_3），防止继续氧化。铬含量越高，钢的耐蚀性越好。

钢中的碳含量越多，铬和碳形成的碳化物越多，会减少固溶体中的铬含量，导致钢的耐蚀性降低。因此，一般不锈钢中的碳含量较低，只有要求高硬度和耐磨性的不锈钢才能适当地提高碳含量。

不锈钢按组织状态可分为铁素体型不锈钢、马氏体型不锈钢和奥氏体型不锈钢等，见表4-15。

（1）铁素体型不锈钢 典型铁素体型不锈钢有10Cr17、06Cr13Al、10Cr17Mo、008Cr27Mo等，其碳的质量分数小于0.15%，铬的质量分数为12%~30%。高温时仍为单相铁素体组织，不能热处理强化。一般用于工作应力不大的化工设备、容器和管道、食品工厂设备等。

表 4-15　不锈钢牌号及特性和应用举例

类型	新牌号	曾用牌号	特性和应用举例
铁素体型 不锈钢	10Cr17	1Cr17	具有耐蚀性,力学性能和热导率高的特点,在大气、水蒸气等介质中具有耐蚀性,但当介质中含有较高氯离子时,耐蚀性则不足。主要用于生产硝酸、硝铵的化工设备,如吸收塔、热交换器、贮槽等;薄板主要用于建筑内装饰、日用办公设备、厨房器具、汽车装饰、气体燃烧器等。由于它的脆性转变温度在室温以上,且对缺口敏感,不适用于制作室温以下的承受载荷的设备和部件,且通常使用的钢材,其截面尺寸一般不允许超过4mm
	008Cr30Mo2	00Cr30Mo2	高纯铁素体型不锈钢。脆性转变温度低,耐卤离子应力腐蚀破坏性好,耐蚀性与纯镍相当,具有良好的韧性、加工成形性和焊接性。主要用于化学加工工业成套设备,食品工业、石油精炼工业、电力工业、水处理和污染控制等用热交换器、压力容器、罐和其他设备等
马氏体型 不锈钢	12Cr13	1Cr13	半马氏体型不锈钢,经淬火及回火处理后具有较高的强度、韧性和良好的耐蚀性和加工性能。主要用于韧性要求较高且具有耐蚀性的受冲击载荷的部件,如刃具、叶片、紧固件、水压机阀、热裂解抗硫腐蚀设备等;也可制作在常温条件耐弱腐蚀介质的设备和部件
	20Cr13	2Cr13	马氏体型不锈钢,其主要性能类似于12Cr13。由于碳含量较高,其强度、硬度高于12Cr13,而韧性和耐蚀性略低。主要用于制造承受高应力载荷的零件,如汽轮机叶片、热油泵、轴和轴套、叶轮、水压机阀片等,也可用于造纸工业和医疗器械,以及日用消费领域的刀具、餐具等
	30Cr13	3Cr13	马氏体型不锈钢,较12Cr13和20Cr13具有更高的强度、硬度和更好的淬透性,在室温的稀硝酸和弱的有机酸中具有一定的耐蚀性,但不及12Cr13和20Cr13。主要用于高强度部件,以及在承受高应力载荷并在一定腐蚀介质条件下的磨损部件,如300℃以下工作的刀具、弹簧,400℃以下工作的轴、螺栓、阀门、轴承等
	40Cr13	4Cr13	特性、用途类似于30Cr13。其强度、硬度高于30Cr13,而韧性和耐蚀性略低。主要用于制造外科医疗用具、轴承、阀门、弹簧等。焊接性差,通常不制造焊接部件
奥氏体型 不锈钢	12Cr17Ni7	1Cr17Ni7	亚稳定奥氏体型不锈钢,是最易冷变形强化的钢。经冷加工有高的强度和硬度,并仍保留足够的塑、韧性,在大气条件下具有较好的耐蚀性。主要用于以冷加工状态承受较高载荷,又希望减轻装备重量和不生锈的设备和部件,如铁道车辆、装饰板、传送带和紧固件等
	12Cr18Ni9	1Cr18Ni9	奥氏体型不锈钢,在固溶态具有良好的塑性、韧性和冷加工性,在氧化性酸和大气、水、蒸汽等介质中耐蚀性也好。经冷加工有高的强度,但伸长率比12Cr17Ni7稍差。主要用于对耐蚀性和强度要求不高的结构件和焊接件,如建筑物外表装饰材料,也可用于无磁部件和低温装置的部件,但不宜用作焊接结构材料
	06Cr19Ni10	0Cr18Ni9	在12Cr18Ni9基础上发展演变的钢,性能类似12Cr18Ni9,但耐蚀性优于12Cr18Ni9,可用作薄断面尺寸的焊接件,是应用量最大、使用范围最广的不锈钢。适用于制造深冲成形部件和输酸管道、容器、结构件等,也可以用于制造无磁、低温设备和部件

（2）马氏体型不锈钢　典型的马氏体型不锈钢为 12Cr13、20Cr13、30Cr13 等，常称为 Cr13 型不锈钢。这类钢的平均碳含量稍高，质量分数为 0.1%~0.45%，铬的质量分数为 12%~14%，淬火后空冷即能得到马氏体组织。这类钢一般用来制作既能承受载荷又需要具有耐蚀性的各种阀、机泵等零件，以及一些耐蚀工具等。

碳在不锈钢中具有双重性。碳含量越高，马氏体型不锈钢的强度和硬度就越高，但碳与铬形成的碳化物量也就越多，其耐蚀性就越差一些。为保证马氏体型不锈钢的耐蚀性，钢中碳的质量分数一般不超过 0.4%。

12Cr13 和 20Cr13 的碳含量低，具有耐大气、蒸汽等介质腐蚀的能力，常作为耐蚀结构钢使用。为了获得良好的综合性能，常采用淬火+高温回火（600~700℃），得到回火索氏体，用于制造汽轮机叶片、锅炉管附件等。

30Cr13 和 40Cr13 的碳含量较高，耐蚀性相对差一些，但通过淬火+低温回火（200~300℃），得到回火马氏体，具有较高的强度和硬度（>50HRC），因此常作为工具钢使用，用以制造医疗器械、刃具、热油泵轴等。

Cr13 型不锈钢的不足是硬度低、耐磨性差，这就是一些家用不锈钢刀具容易钝的原因。近年来，一些厂家使用 68Cr17 钢取得了成功。

（3）奥氏体型不锈钢　这是一类典型的镍铬不锈钢，钢中碳的质量分数很低，一般小于 0.15%。钢中铬的质量分数为 17%~19%，镍的质量分数为 8%~11%。由于镍的加入，扩大了奥氏体相区，因而在室温下可获得单相的奥氏体组织，故奥氏体型不锈钢具有较好的耐蚀性和耐热性。奥氏体型不锈钢的强度、硬度较低，无磁性，塑性、韧性及耐蚀性优于马氏体型不锈钢，适宜于冷态成形，焊接性能好，但切削加工性能较差。

常用的奥氏体型不锈钢有 06Cr19Ni10、12Cr18Ni9、06Cr18Ni11Ti 等，主要用于制造在硝酸、磷酸、有机酸及碱溶液等强腐蚀介质中工作的零件、容器、管道及医疗器械、抗磁仪表等。

2. 耐热钢

耐热钢是高温抗氧化钢和热强钢的总称。主要用在高压锅炉、汽轮机、内燃机、热处理炉等设备上。金属材料的耐热性包含高温抗氧化性和高温强度两方面性能。

（1）抗氧化钢　在高温下有较好的抗氧化性又有一定强度的钢称为抗氧化钢，又称为不起皮钢。为了提高抗氧化性，主要在材料中加入一定量的 Cr、Al、Si 等元素，以形成致密的、连续的氧化膜，如 Cr_2O_3、Al_2O_3、SiO_2 等，保护钢不继续氧化。抗氧化钢主要用于加热炉底板、渗碳箱等零件，常用牌号有 06Cr13Al、12Cr18Ni9Si3、26Cr18Mn12Si2N 等。

（2）热强钢　高温下有一定抗氧化能力、较高强度及良好组织稳定性的钢称为热强钢。钢中加入 Cr、Mo、W、Ni 等元素可溶入基体强化固溶体，使再结晶温度提高，从而增强钢在高温下的强度，还可形成硬度高、热稳定性好的碳化物，分布在基体上起到弥散强化作用。热强钢主要适用于高温强度的汽油机、柴油机的排气阀、汽轮机叶片、转子等。常见牌号有 15CrMo、12Cr1MoV、35CrMo、25Cr2MoV、42Cr9Si2、06Cr18Ni11Ti、45Cr14Ni14W2Mo 等。

3. 耐磨钢

耐磨钢通常指的是在冲击载荷下发生冲击硬化，从而获得很高的耐磨性的高锰钢，主要成分是碳的质量分数为 1.0%~1.45%，锰的质量分数为 11%~14%。这种钢机械加工较困难，基本上都是铸造成形，因而钢号写成 ZG120Mn13，即铸造高锰钢。

对于高锰钢，经"水韧处理"后，当奥氏体受到强烈磨损和冲击时，由于塑性变化，引起了加工硬化，促使表面奥氏体转变成马氏体，使钢具有高硬度和高耐磨性。也就是说，高锰钢零件在使用过程中，必须有剧烈冲击或较大压力时，才能显示出其高的耐磨性。

高锰钢常用来制造破碎机齿板、大型球磨机衬板、挖掘机铲齿、坦克和拖拉机履带及铁轨道岔等。又由于它在受力变形时吸收大量能量，不易被击穿，因此可用于制造防弹装甲车板、保险箱板等。

模块 3 铸铁

铸铁是碳的质量分数大于 2.11% 的铁碳合金。除 Fe、C 元素之外，铸铁中含有较多的 Si、Mn、S、P 等元素。在常用合金铸件生产中，铸铁件的应用最为广泛，约占铸件总量的 70%~75%。铸铁的力学性能较差，强度低，塑性、韧性较差，只能用铸造方法成形。但由于铸铁具有接近共晶的成分，熔点低，流动性好，易于铸造，有良好的减摩性和切削加工性能，因此在实际生产中也得到广泛应用。

一、铸铁概述

1. 铸铁的特点及分类

铸铁广泛应用于机械制造中。按重量计算，汽车、拖拉机中铸铁零件约占 50%~70%；机床中约占 60%~90%。常见的机床床身、工作台、箱体、底座等形状复杂或受压力及摩擦作用的零件，大多用铸铁制成。

铸铁之所以应用广泛，除了因为它具有接近共晶的成分，熔点低，流动性好，易于铸造外，还因为它的 C、Si 含量较高，使碳大部分呈游离的石墨状态存在，石墨有润滑作用和吸油能力，因而铸铁有良好的减摩性和切削加工性能。根据碳在铸铁组织中存在形式不同，可分为白口铸铁、灰铸铁、可锻铸铁、球墨铸铁、蠕墨铸铁等类型。

（1）白口铸铁　简称为白口铁，完全按照铁碳合金相图进行结晶而得到的铸铁，其中碳全部以渗碳体（Fe_3C）形式存在，断口呈银白色。由于存在有大量硬而脆的 Fe_3C，硬度高，脆性大，很难切削加工。很少用来直接制造机器，主要用于炼钢原料或制造可锻铸铁的毛坯。

（2）灰铸铁　碳主要结晶成游离状态的石墨，以片状石墨形状存在，断口为暗灰色，如图 4-12a 所示。常见的铸铁件多数是灰铸铁。

（3）可锻铸铁　由一定成分的白口铸铁经石墨化退火处理而获得，其中碳大部分或全部以团状石墨形式存在，如图 4-12b 所示。由于具有较灰铸铁高得多的塑性和韧性，习惯上称为可锻铸铁，实际上并不可锻，常用来制造一些重要的小件。

（4）球墨铸铁　铁液在浇注前经球化处理，其中碳大部分或全部以球状石墨形式存在，如图 4-12c 所示。球墨铸铁的力学性能高，生产工艺比可锻铸铁简单，近年来得到日益广泛的应用。

（5）蠕墨铸铁　碳以蠕虫状石墨形式存在，如图 4-12d 所示，其性能介于片状和球状石墨之间。

此外，为了满足一些特殊要求，向铸铁中加入一些合金元素，如 Cr、Cu、Al、B 等，可得到耐蚀、耐热及耐磨等特性的合金铸铁。

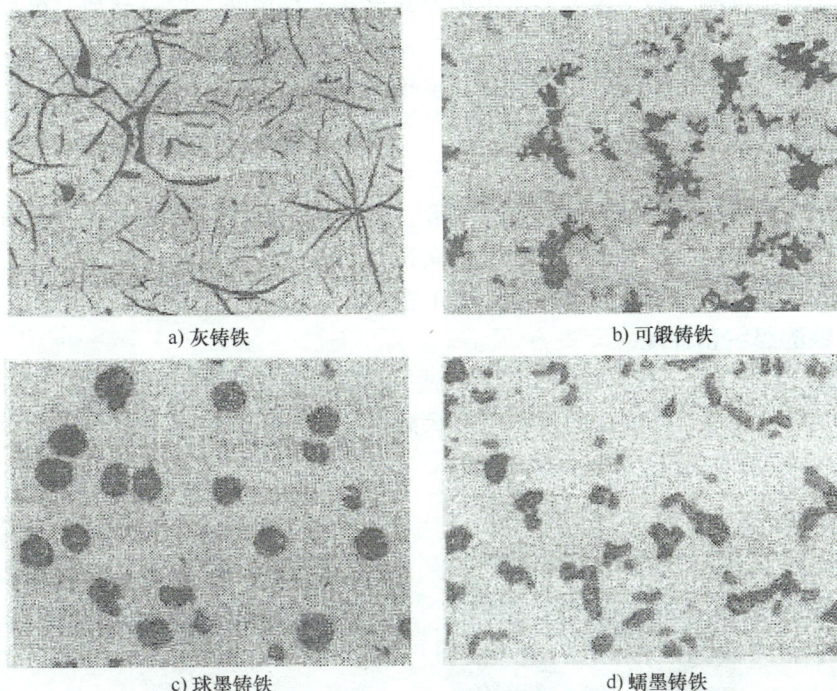

a) 灰铸铁

b) 可锻铸铁

c) 球墨铸铁

d) 蠕墨铸铁

图 4-12　铸铁中石墨存在的形态

2. 铸铁的石墨化及影响因素

从各种铸铁的组织可见，铸铁中的碳可能以化合状态（Fe_3C）或自由状态（石墨）两种形态存在。铸铁在结晶过程中，碳以石墨形态析出的现象称为石墨化。铸铁的石墨化程度直接决定了铸铁的组织和性能。影响铸铁石墨化的因素主要有化学成分和冷却速度。

（1）化学成分

1）碳和硅。碳（C）和硅（Si）是强烈促进石墨化的元素。铸铁中 C、Si 含量越高，石墨化越容易进行，越容易得到灰口组织；但过高时，石墨多而粗大，组织中铁素体量增多，珠光体量减少，力学性能降低。因此，为了保证得到一定数量的石墨，避免形成白口铸铁，灰铸铁中 C 的质量分数一般控制在 2.5%～4.0%，Si 的质量分数控制在 1.0%～3.0%，厚壁件取下限，薄壁件取上限。

2）硫。硫（S）是强烈阻碍石墨化的元素，S 阻碍 C 原子的扩散，还能增强 Fe、C 原子的结合力。S 能使铁液的流动性降低，收缩量增大，使铸铁有较大的热裂倾向，因此铸铁中 S 的含量越低越好，其质量分数一般要控制在 0.15%以下。

3）锰。锰（Mn）本身是阻碍石墨化的元素，但它能与 S 结合，形成 MnS 浮集到渣中，从而削弱了 S 阻碍石墨化的作用。Mn 的质量分数一般为 0.5%～1.4%。

4）磷。磷（P）对石墨化稍起促进作用，可改善铸造性能。但 P 具有冷脆性，是有害元素，要控制使用。

（2）冷却速度　冷却速度对铸铁石墨化的影响很大。冷却越慢，原子扩散越充分，越有利于石墨化进行。而快冷则阻止石墨化，容易得到白口组织。

冷却速度的大小主要取决于浇注温度、铸件壁厚和铸型导热能力等多种因素。浇注温度越高，铸件冷却就越慢；铸件在金属型中的冷却比在砂型中快。同是砂型，湿型的冷却速度大于干型和预热的铸型；铸件壁越厚，则冷却速度越慢，石墨化就越完全。所以，在实际生产中常常发现同一厚壁处为灰口，而薄壁处出现白口的现象。

二、灰铸铁

机床床身几乎都以灰铸铁为材料铸造成形，而不采用钢材的焊接结构。原因是机床床身形状复杂，要求抗压性、减振性好，而灰铸铁良好的铸造性、抗压性和减振性极好地满足了机床床身的使用要求，同时保证了机床的加工精度。

1. 灰铸铁的组织和性能

灰铸铁是价格便宜，应用最广的一种铸铁，占各种铸铁总用量的80%以上。图4-13所示为灰铸铁机座和阀体。灰铸铁的化学成分大致为：$w_C = 2.5\% \sim 4.0\%$，$w_{Si} = 1.0\% \sim 3.0\%$，$w_{Mn} = 0.5\% \sim 1.4\%$，$w_S \leqslant 0.15\%$，$w_P \leqslant 0.3\%$。

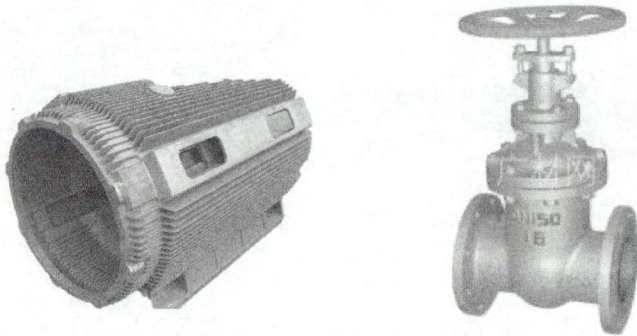

图 4-13　灰铸铁机座和阀体

灰铸铁组织是钢的基体上分布有片状石墨，石墨的密度为铸铁的1/3，其体积约占铸铁的7%~10%。由于片状石墨的存在，割裂了金属基体组织，减小了承载的有效面积，因此其综合力学性能较低。灰铸铁的抗拉强度比碳钢低得多，约为120~250MPa，塑性、韧性较差，并且几乎没有伸长率（$A \approx 0$），为脆性材料。但石墨对基体的割裂作用和造成的应力集中对压应力的有害影响较小，所以灰铸铁的抗压强度远大于抗拉强度。石墨数量越多、越粗大，分布越不均匀，对基体的割裂就越严重，其力学性能越差。

由于石墨能缓冲吸振，具有一定的润滑作用，在铸铁中形成大量的小切口，从而减少了它对外来切口的敏感性，因此灰铸铁具有良好的减振性和耐磨性，缺口敏感性小。此外，片状石墨具有割裂基体连续性的作用，从而使铸铁件的切屑易脆断成碎片，因此灰铸铁也具有良好的切削加工性。

灰铸铁是脆性材料，不能进行锻造和冲压，焊接时易于产生裂纹，焊接性差。但灰铸铁接近共晶成分，铸造时流动性好，又由于石墨膨胀可使收缩减小，铸造性能最好，能够铸造形状复杂的零件。

综上所述，灰铸铁一般被广泛地用来制造各种承受压力和要求减振性好的零部件，如床身、机架、箱体、壳体和经受摩擦的导轨、缸体、活塞环等。

2. 灰铸铁的牌号及应用

灰铸铁的牌号由"灰铁"汉语拼音的字首"HT"和后面的三位数字组成，数字表示最低抗拉强度的数值。如 HT150 表示最低抗拉强度为 150MPa 的灰铸铁。表 4-16 列出了常用灰铸铁的牌号、性能和用途。

表 4-16　常用灰铸铁的牌号、性能和用途

类别	牌号	抗拉强度/MPa	抗弯强度/MPa	抗压强度/MPa	硬度HBW	主要用途
铁素体灰铸铁	HT100	100~200	—	500	≤170	受低应力零件，如手轮、轴承盖、支架等
铁素体+珠光体灰铸铁	HT150	150~250	270~455	600	125~205	受中等应力的零件，如支柱、底座、齿轮箱、工作台、端盖、阀体等
珠光体灰铸铁	HT200	200~300	345~520	720	150~230	受较大应力及较重要的零件，如机座、床身、缸套、活塞、联轴器、齿轮箱、液压缸、轴承座、低速轴瓦
	HT250	250~350	415~580	840	180~250	
	HT300	300~400	480~640	960	200~275	受力大的重要零件，如齿轮、凸轮、车床卡盘、床身、高压油压缸、滑阀壳体等
	HT350	350~450	540~690	1080	220~290	

注：灰铸铁的力学性能，随铸件壁厚增加而降低，表中所列数据为壁厚 30mm 时的数值。

（1）铁素体灰铸铁　它是在铁素体的金属基体上分布着粗大的片状石墨，其显微组织如图 4-14a 所示。此铸铁的强度、硬度最低，很少用来制造机器零件，但质软、易加工、铸造性能好，可用来制造少数要求不高的铸件或薄件。

（2）铁素体+珠光体灰铸铁　它是在珠光体和铁素体组成的金属基体上分布着片状石墨，其石墨片稍粗大，数量也较多，其显微组织如图 4-14b 所示。其强度、硬度较差，铸造时易控制，切削性能较好，用途广。

（3）珠光体灰铸铁　它是在珠光体的基体上分布着细小而均匀的片状石墨，显微组织如图 4-14c 所示。珠光体灰铸铁的强度、硬度最高，主要用于制造重要机件。

a) 铁素体灰铸铁　　b) 铁素体+珠光体灰铸铁　　c) 珠光体灰铸铁

图 4-14　灰铸铁的显微组织

（4）孕育铸铁　普通灰铸铁的最大弱点是强度低，这是因为一般灰铸铁的 C、Si 含量较高，石墨片和基体组织比较粗大。提高灰铸铁力学性能的有效方法之一是采用孕育处理。

它是把作为孕育剂的硅铁或硅钙合金（加入量一般为铁液总质量的0.4%左右）冲入到C、Si含量稍低的铁液中，经搅拌去渣后进行浇注，以获得大量的人工晶核，从而得到石墨片极为细小且均匀分布的珠光体灰铸铁，这种铸铁常被称为"孕育铸铁"。孕育铸铁的强度、硬度比普通灰铸铁有显著提高，可用来制造力学性能要求较高的铸件，如气缸、曲轴、凸轮、机床床身等，尤其是截面尺寸变化较大的铸件。

三、球墨铸铁

球墨铸铁是20世纪50年代发展起来的一种高强度铸铁材料，其综合性能接近于钢。基于其优异的性能，球墨铸铁目前已成功地用于铸造一些受力复杂，强度、韧性、耐磨性要求较高的零件。球墨铸铁已迅速发展为仅次于灰铸铁的、应用十分广泛的铸铁材料。

球墨铸铁通过球化和孕育处理得到球状石墨，有效地提高了铸铁的力学性能，特别是提高了塑性和韧性，从而得到比碳钢还高的强度。

球墨铸铁与灰铸铁相比，C、Si含量较高，而Mn较低，对S、P的限制较严，其化学成分一般为：$w_C = 3.6\% \sim 3.9\%$，$w_{Si} = 2.0\% \sim 2.8\%$，$w_{Mn} = 0.6\% \sim 0.8\%$，$w_P < 0.1\%$，$w_S < 0.07\%$，$w_{Mg} = 0.03\% \sim 0.07\%$（此为无稀土元素时的含量，当有稀土元素存在时，则Mg含量可低些）。

按基体组织不同，常用球墨铸铁有铁素体球墨铸铁、珠光体+铁素体球墨铸铁、珠光体球墨铸铁和贝氏体球墨铸铁（经等温淬火获得）。

球墨铸铁良好的力学性能是与其组织特点分不开的。在球墨铸铁中，石墨结晶成球状，对基体的割裂作用大为减小，基体强度的利用率达70%~90%，抗拉强度不仅高于铸铁，甚至还高于碳钢，抗拉强度为400~600MPa，屈服强度为300~400MPa。屈强比为0.7~0.8，比钢约高40%左右。塑性、韧性比灰铸铁大大提高，断后伸长率为1.5%~10%，经热处理最高断后伸长率可达20%~25%。

球墨铸铁不仅具有远远超过灰铸铁的力学性能，而且同样具有灰铸铁的一系列优点，如良好的铸造性能、减摩性、切削加工性能及低的缺口敏感性等。甚至在某些性能方面可与锻钢相媲美，如疲劳强度大致与中碳钢相似，耐磨性优于表面淬火钢等。此外，球墨铸铁还可适应各种热处理，使其力学性能提高到更高的水平。因此，球墨铸铁一出现就得到迅速的发展。它可代替部分钢用于较重要的零件，对实现"以铁代钢、以铸代锻"起重要的作用，具有较大的经济效益。例如，珠光体球墨铸铁常用于制造曲轴、连杆、凸轮轴、机床主轴、水压机气缸、缸套、活塞等。铁素体球墨铸铁用于制造压阀、机座、汽车后桥壳等。城市道路上的各种铸铁井盖大多是球墨铸铁（QT500-7）材质的。图4-15所示为球墨铸铁连杆和曲轴。

图4-15　球墨铸铁连杆和曲轴

球墨铸铁的牌号由"QT"加两组数字组成。其中"QT"是"球铁"两字汉语拼音的第一个字母，两组数字分别表示最低抗拉强度数值和最小断后伸长率数值。表4-17列出了常用球墨铸铁的牌号、力学性能及用途。

表 4-17　常用球墨铸铁的牌号、力学性能及用途

牌号	基体组织	力学性能				用途举例
		R_m/MPa	$R_{p0.2}$/MPa	A(%)	HBW	
QT400-18	铁素体	400	250	18	130~180	拖拉机、汽车的轮毂、驱动桥壳体、拨叉、阀体、阀盖、气缸、电动机壳、齿轮箱、飞轮壳、犁铧、犁柱、差速器壳
QT450-10		450	310	10	160~210	
QT500-7	珠光体+铁素体	500	320	7	170~230	内燃机油泵齿轮、机车车轴轴瓦、机械座架、传动轴、飞轮、电动机架
QT600-3		600	370	3	190~270	柴油机、汽油机的曲轴、凸轮轴、气缸套、连杆、进排气阀座
QT700-2	珠光体	700	420	2	225~305	曲轴、凸轮轴、缸体、缸套、轻负荷齿轮,部分磨床、铣床、车床、小型水轮机的主轴
QT800-2		800	480	2	245~335	
QT900-2	贝氏体或回火马氏体	900	600	2	270~360	汽车上的螺旋伞齿轮、转向节、传动轴、拖拉机减速器齿轮、内燃机曲轴、凸轮轴

由于球墨铸铁的基体组织与钢相同，石墨又不易引起应力集中，因此它具有较好的热处理工艺性能。凡是钢可以采用的热处理，在理论上对球墨铸铁都适用。常用的热处理方法有以下几种：

（1）退火　目的是获得高塑性、韧性的铁素体球墨铸铁，如汽车、拖拉机的底盘铸件需进行退火处理。

（2）正火　目的是增加基体组织中珠光体的含量，并使其细化，提高球墨铸铁的强度、硬度和耐磨性，如发动机的缸套、滑座和轴套等铸件均要进行正火。

此外，还能将铸态珠光体球墨铸铁进行调质和等温淬火，以获得高的强度和硬度，但是都只适宜于小件。

四、可锻铸铁

可锻铸铁又称为马铁或玛钢，实际并不可以锻造，"可锻"只表示它具有一定的塑性和韧性。可锻铸铁是由白口铸铁通过石墨化退火处理，使渗碳体分解而得到团絮状石墨的一种高强度铸铁，其显微组织如图4-16所示。

团絮状石墨对金属基体的割裂作用较小，故可锻铸铁的抗拉强度、塑性、韧度都比灰铸铁高。它主要用于制造一些形状比较复杂而在工作中承受一定冲击载荷的薄壁小型零件，如管接头、农具等。

可锻铸铁的牌号由"KTH"或"KTZ"加两组数字组成。其中"KT"是"可铁"两字汉语拼音的第一个字母，后面的"H"表示黑心可锻铸铁，"Z"表示珠光体可锻铸铁。后面的两组数字分别表示材料的最低抗拉强度数值和最小断后伸长率数值，如牌号KTH350-10、KTZ550-04等。表4-18列出了常用可锻铸铁的牌号、性能及用途。

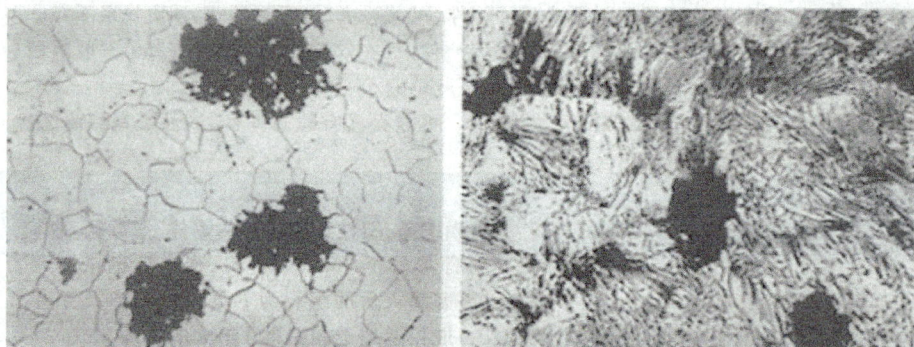

a) 黑心可锻铸铁　　　　　　　　　　　b) 珠光体可锻铸铁

图 4-16　可锻铸铁的显微组织

表 4-18　常用可锻铸铁的牌号、性能及用途

牌号	机械性能				性能特点	应用举例
	抗拉强度/MPa	屈服强度/MPa	伸长率(%)	硬度HBW		
KTH300-06	300	—	6	≤150	强度比灰铸铁高，塑性、韧性更好，可承受冲击和扭转负荷，具有良好的耐蚀性，可加工性良好	能承受较大的压力，用于自来水管路、配件，高压锅炉管路配件，压缩空气管道配件，以及农机零件等
KTH350-10	350	200	10	≤150		能承受较大的冲击载荷，在寒冷环境（-40℃）下工作不产生低温脆断。用于制作汽车和拖拉机中的后桥外壳、转向机构、弹簧钢板
KTZ450-06	450	270	6	150~200	塑性、韧性比黑心可锻铸铁稍差，但其强度高，耐磨性好，低温性能优于球墨铸铁，可加工性良好，可替代有色金属、低合金钢及低碳钢制作较高强度和耐磨性的零件	用于制作插销、轴承座等
KTZ550-04	550	340	4	180~230		用于制作一定强度、韧性适当的零件，如汽车前轮毂、发动机支架、传动箱及拖拉机履带轨板等
KTZ650-02	650	430	2	210~260		用于制作强度较高的零件，如柴油机活塞、差速器壳、摇臂及农业机械的犁刀、犁片、齿轮箱等
KTZ700-02	700	530	2	240~290		用于制作高强度的零件，如曲轴、万向接头、传动齿轮、凸轮轴、活塞环等

五、蠕墨铸铁

　　蠕墨铸铁是 20 世纪 70 年代发展起来的一种新型高强度铸铁。蠕墨铸铁的石墨呈蠕虫状（图 4-17），短而厚，端部圆滑，分布均匀。蠕墨铸铁的力学性能介于普通灰铸铁和球墨铸铁之间，热疲劳性能好，具有接近灰铸铁的优良的铸造性能。它主要应用于一些经受热循环载荷，要求组织致密、结构复杂、强度高的铸件，如气缸盖、气缸套、钢锭模、液压阀等铸

件。它是一种有发展前程的结构材料。

生产蠕墨铸铁的方法与球墨铸铁相似，即在出铁时往铁液中加入蠕化剂，进行蠕化处理，然后加入孕育剂进行孕育处理。目前所用的蠕化剂有镁钛合金、稀土镁钛合金或稀土镁钙合金等。

蠕墨铸铁的牌号用 RuT（蠕铁）加一组数字表示，数字表示最小抗拉强度值。如 RuT400。表 4-19 列出了常用蠕墨铸铁的牌号、力学性能及用途。

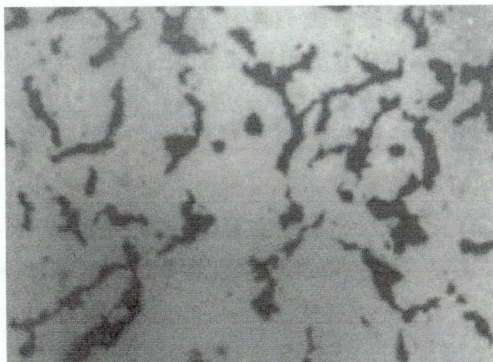

图 4-17　蠕墨铸铁的显微组织

表 4-19　常用蠕墨铸铁的牌号、力学性能及用途

牌号	力学性能				主要用途
	抗拉强度 R_m/MPa	屈服强度 $R_{p0.2}$/MPa	断后伸长率 A（%）	硬度 HBW	
	不小于				
RuT300	300	210	2.0	140～210	排气歧管、涡轮增压器壳体、离合器零部件、气缸盖
RuT350	350	245	1.5	160～220	机床底座、托架和联轴器，大型船用和固定式柴油机缸体和缸盖
RuT400	400	280	1.0	180～240	重型机床件，大型齿轮箱体、盖、座、飞轮，起重机卷筒等
RuT450	450	315	1.0	200～250	活塞环、气缸套、制动盘、钢珠研磨盘、吸淤泵体等
RuT500	500	350	0.5	220～260	

六、特殊性能铸铁

随着生产的发展，对铸铁不仅要求有更高的力学性能，而且有时还要求具有某些特殊性能，如耐磨性、耐热性和耐蚀性等。为此，可向铸铁中加入一定量的合金元素制成合金铸铁。

1. 抗磨铸铁

抗磨铸铁是向铸铁中加入一定的 P、B、V 或 Ti 等元素，使铸铁组织中形成大量均布的高硬度显微夹杂物，大大提高了铸铁的耐磨性。向铸铁中加入 Cr、Mo 和 Cu 等元素使基体组织细化和强化，也能提高耐磨性。高 P、Cu、Ti 合金铸铁是制造机床导轨的好材料。

Cr、Mo、Cu 合金铸铁主要用在汽车、拖拉机、精密机床方面，以及要求较高的大型柴油机气缸套及活塞环等零件。此外，还有中锰球墨铸铁用于农机上的耙片、犁铧、球磨机的衬板、磨球、拖拉机上的履带板等。

2. 耐热铸铁

耐热铸铁是指在高温下具有较好的抗氧化和抗生长的能力。所谓"生长"是指由于氧化性气体沿着石墨片的边界和裂纹渗入铸铁内部所造成的氧化，以及由于 Fe_3C 分解而发生的石墨化引起铸铁件体积膨胀。向铸铁中加入一定量的 Al、Si 或 Cr 等元素，一方面使铸铁表面形成致密的氧化膜（Al_2O_3、SiO_2、Cr_2O_3），使这类铸铁在高温下具有抗氧化、不起皮的能力，另一方面这些元素提高了铸铁组织的相变温度，阻止了 Fe_3C 的分解，增强了铸铁在高温下的抗生长性，使铸件的性能与尺寸稳定，即提高了耐热性。耐热铸铁可用于制造炉门、炉栅等耐热件。

3. 耐蚀铸铁

耐蚀铸铁是指在腐蚀性介质中工作时具有耐蚀能力的铸铁。它们主要应用于化工部门，如阀门、管道、泵、容器等。提高铸铁耐蚀性主要靠加入大量的 Si、Al、Cr、Ni、Cu 等合金元素，在铸件表面形成保护膜，可以提高铸铁的耐蚀性。

视野拓展

中国钢铁工业百年发展的伟大成就

中国共产党成立百年来，我国钢铁工业发展取得了从小到大、从弱渐强、从世界钢铁工业微不足道的配角发展到跃居世界钢铁工业主角的伟大历史成就。

1949—2020 年，我国生铁产量增长了 3349.1 倍；粗钢产量增长了 6739.1 倍；钢材产量增长了 9462.5 倍。目前，在世界钢铁工业中，我国钢铁工业的产业链最完备、产业规模最大、产品品种系列最丰富。

"十三五"期间，一大批高质量关键产品自主研发成功，如高速列车轮轴及转向架材料、超薄不锈钢精密带、高强热成型汽车板、新能源汽车电机用高性能硅钢、航母球扁钢等已达到国际先进水平。

我国钢铁工业不断提升"三废"（废水、废气、废渣）排放标准，推行清洁生产，采用节能环保技术，节能降耗、资源综合利用取得了明显进步。"十三五"期间，一大批清洁生产环境友好型钢铁企业相继涌现，一大批厂区已建设成为 4A、3A 级景区。

在国内市场上，目前我国经济建设和国防发展所需的主要钢材品种已完全可以立足国内生产，绝大多数钢铁产品的国内市场占有率和满足率都已达到 100%。如为管道工程提供世界上口径最大、管壁最厚、钢级最高的管线钢，为亚洲最大自航绞吸挖泥船——"天鲲号"提供 BMS1400 耐磨蚀钢，为海洋工程领域世界首制的 VOC（挥发性有机物）系统模块提供锰碳低温钢，为国产航母"山东号"提供对称球扁钢等。在国际市场上，我国钢铁产品的国际竞争力也越来越强。

钢铁工业百年发展光辉历程表明，坚持技术创新，加强自主创新能力建设，是我国钢铁由小到大、由弱渐强的重要驱动力。以高强度汽车钢的自主研发为例，为了打破国外钢铁企业对高强度汽车钢的垄断，满足我国迅速发展的汽车工业对高强度汽车钢的市场需求，在国家有关部门的支持下，宝钢自 2002 年起连续投入巨资研制开发超高强钢。截至目前，宝钢已成功开发多种先进高强钢品种及生产工艺技术，其重点开发的第三代高强钢 Q&P 钢已实现批量供货，宝钢也因此成为目前世界上唯一一家可以同时工业化生产第一代、第二代和第三代全系列超高强钢的钢铁企业。

单元小结

钢铁材料是工业上应用最广泛的金属材料。本单元介绍了常用碳钢、合金钢、铸铁的种类、牌号、性能和应用。单元4思维导图如图4-18所示。

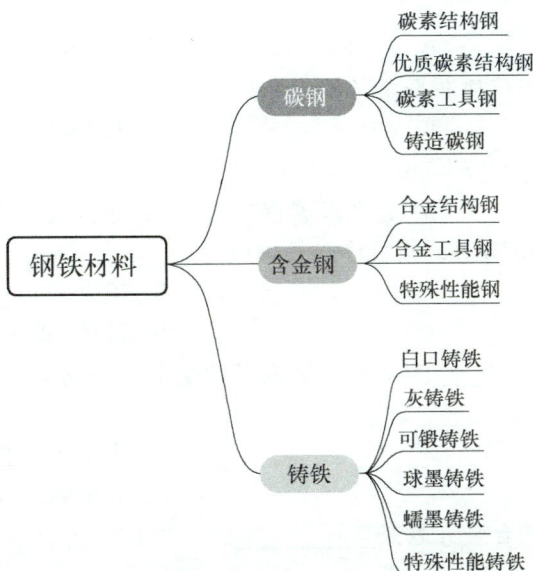

图 4-18　单元 4 思维导图

自 我 测 评

一、填空题

1. 碳钢通常指碳的质量分数小于_____的铁碳合金。

2. 钢中常含有少量锰、硅、硫、磷等杂质元素，其中_____是有益元素，_____是有害元素。有害元素易使钢产生_____和_____。

3. Q235AF 表示屈服强度为_____MPa 的_____级沸腾钢，可用于受力不大的连杆、销、轴、螺钉、螺母等。

4. 45 钢按碳的质量分数分类属于_____钢，按用途分类属于_____钢，按钢中有害元素 S、P 含量多少分类属于_____钢。

5. T10A 按碳的质量分数分类属于_____钢，按用途分类属于_____钢，按钢中有害元素 S、P 含量多少分类属于_____钢。

6. 所谓合金钢，是指在碳钢的基础上，为了改善钢的某些性能，在冶炼时有目的地加入一些_____炼成的钢。

7. GCr15 是_____钢，其 Cr 的质量分数为_____。

8. 铸铁是碳的质量分数大于 2.11% 的铁碳合金。因其生产工艺简单、成本低，具有良好的_____、_____、_____和对缺口敏感性低等特点，在工业生产中得到广泛应用。

9. 灰铸铁、可锻铸铁、球墨铸铁及蠕墨铸铁中石墨的形态分别为_____状，_____状，_____状和_____状。

10. KTH300-06 中，KT 表示_____，H 表示_____，300 表示_____，06 表示_____。

二、选择题

1. 碳钢中除铁和碳外，还常含有 Si、Mn、S、P 等杂质元素，其中_____是有害元素。

    A. Si、Mn   B. S、P   C. Si、S   D. Mn、P

2. 下列牌号中，属于优质非合金结构钢的是_____。

    A. 45   B. 65Mn   C. T10A   D. Q235A

3. 20Cr 是一种_____。

    A. 合金调质钢   B. 合金渗碳钢   C. 低合金结构钢   D. 合金弹簧钢

4. 某齿轮材料为 20CrMnTi，其最终热处理应为_____。

    A. 退火   B. 正火

    C. 调质   D. 渗碳+淬火+低温回火

5. 合金是以一种_____为基础，加入其他金属或非金属，经过熔合而获得的具有_____特征的材料。

    A. 金属 非金属   B. 非金属 金属

    C. 金属 金属   D. 非金属 非金属

6. 不锈钢中最主要的合金元素是_____。

    A. Mn   B. Ti   C. Cr   D. W

7. 45 钢中碳的质量分数为_____%左右。

    A. 45   B. 4.5   C. 0.45   D. 0.045

8. T12 钢中碳的质量分数为_____%左右。

    A. 12   B. 1.2   C. 0.12   D. 0.012

9. 40Cr 是一种_____。

    A. 合金调质钢，可制造车床齿轮   B. 渗碳钢，可制造主轴

    C. 低合金结构钢，可制造桥梁   D. 弹簧钢，可制造弹簧

10. 灰铸铁具有良好的抗压、减振性能，常用于制造_____。

    A. 曲轴   B. 机床床身、底座、箱体

    C. 管接头   D. 量具

11. 下列牌号中，属于球墨铸铁的是_____。

    A. QT400-18   B. Q235A   C. HT150   D. T10A

12. 在灰铸铁中，碳主要以_____形态存在；在球墨铸铁中，碳主要以_____形态存在。

    A. 片状石墨 球状石墨   B. 球状石墨 片状石墨

    C. 片状石墨 团絮状石墨   D. 团絮状石墨 球状石墨

三、简答题

1. 什么是铸铁？与钢相比铸铁有哪些特点？

2. 什么是铸铁的石墨化？影响石墨化的因素有哪些？

3. 铸铁中碳的存在形式有哪些？石墨的存在形式有哪些？

4. 按石墨的存在形式不同，将铸铁分为哪几类？

5. 说明下列铸铁牌号中各符号和数字表示的含义及各自的应用场合。

    HT150、RuT340、QT600-3、KTH300-06、KTZ550-04

6. 与灰铸铁和球墨铸铁相比，可锻铸铁在性能上有何特点？

7. 球墨铸铁强度高，有一定的塑性和韧性，它能取代全部可锻铸铁件吗？为什么？

单 元 收 获

请结合本单元学习目标和思维导图，归纳本单元各知识点的主要内容。

单元5 有色金属材料

Unit 5

【实例导入】

《节能与新能源汽车技术路线图 2.0》提出，我国汽车技术发展的总体目标之一为汽车产业碳排放总量先于国家碳减排承诺于 2028 年左右提前达到峰值，到 2035 年排放总量较峰值下降 20%以上，汽车减排、低碳化发展迫在眉睫。因此，汽车轻量化对于节约能源、减少排放、实现可持续发展战略具有十分积极的意义。材料轻量化是汽车轻量化技术需求进行突破的难点之一。

汽车材料轻量化是指选用结构强度有保障的、密度相对低的材料代替传统的钢材料，从而实现整车减重。汽车底盘结构件材料示意图如图 5-1 所示。从图 5-1 中可知，除常用的钢铁材料外，有色金属也有着较广泛的应用。

本单元主要介绍铜及铜合金、铝及铝合金等有色金属及其应用。

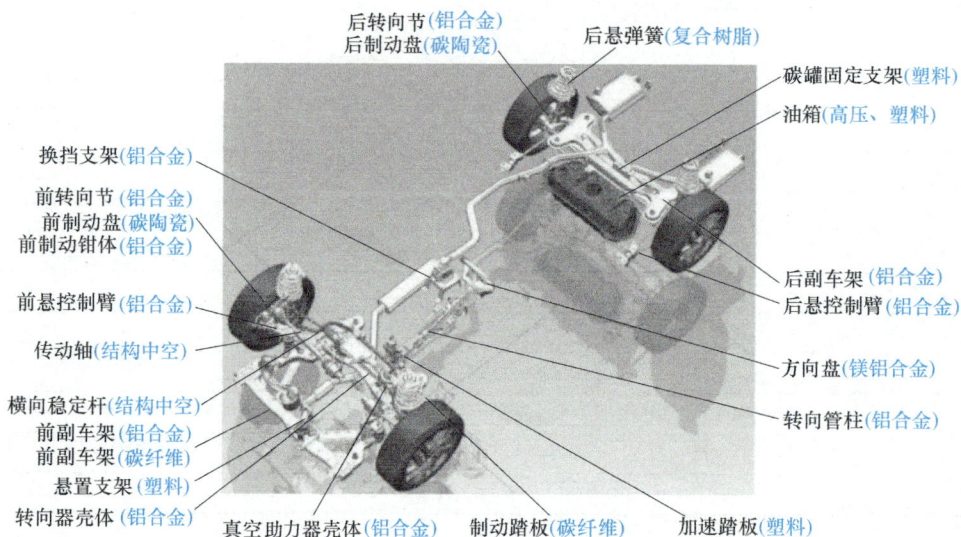

图 5-1　汽车底盘结构件材料示意图

【学习目标】

1. 掌握铜及铜合金的分类、牌号、性能和应用。

2. 掌握铝及铝合金的分类、牌号、性能和应用。

3. 了解钛及钛合金的分类、牌号、性能和应用。

模块 1　铜及铜合金

铜及铜合金是我国历史上使用较早、用途较广的一类有色金属材料。因铜在地壳中的储藏量有限，价格较贵，因此注意合理使用和寻找代用材料已成为当前节约用铜的主要课题。

一、工业纯铜

纯铜是玫瑰色的金属，表面形成氧化铜薄膜后，外观呈紫红色，故又称为紫铜。工业常用纯铜，其密度为 $8.9g/cm^3$，熔点为 $1083℃$，在固态时具有面心立方晶格，无同素异构转变。纯铜属逆磁性材料，具有抗磁性，即用铜制作的各种仪器或机件不受外来磁场的干扰。这一特性在制作各种磁学仪器和其他防磁器械时具有重要的意义。

纯铜的导电、导热性较好，仅次于银，耐蚀性好，塑性好，但强度较低，不宜直接用作结构材料，广泛应用在电气工业方面，如制造电线、电缆等或配制各种铜合金。

在力学和工艺性能方面，纯铜的特点是具有极好的塑性，可以承受各种形式的冷热压力加工，可碾压成极薄的板，拉成极细的铜线，压力加工成线材、管材、棒材及板材。纯铜的抗拉强度较低，不宜用作结构材料，铸造性能差，熔化时易吸收一氧化碳和二氧化硫等气体，形成气孔。

二、铜合金

在纯铜中加入合金元素制成铜合金。按照化学成分的不同，可分为黄铜、青铜和白铜。

1. 黄铜

黄铜是以锌（Zn）为主要合金元素的铜合金。根据化学成分的不同，黄铜分为普通黄铜和特殊黄铜。

（1）普通黄铜　普通黄铜是铜和锌的二元合金，具有相当好的耐蚀性，加工性能很好。普通黄铜的牌号用"H"加数字表示。"H"是"黄"字汉语拼音字首，数字表示平均含铜量，余量为 Zn。如 H68 表示平均含铜量为 68%（质量分数）的普通黄铜。

普通黄铜中铜含量越多，延展性越好，切削加工性越差。通过加工硬化，能改善黄铜的切削加工性能。

（2）特殊黄铜　为了改善黄铜的某些性能，向其中加入少量其他元素，如 Al、Mn、Sn、Si、Pb 等，形成固溶体，以提高合金的强度及改善耐蚀性，这种黄铜称为特殊黄铜。根据主要添加元素命名为锰黄铜、铅黄铜、锡黄铜等。

特殊黄铜的牌号是在"H"之后标以主加元素的化学符号，并在其后标明铜及合金元素含量的百分数，如 HPb59-1 表示含 Cu59%（质量分数），含 Pb1%（质量分数），余量为 Zn 的铅黄铜。它具有良好的切削加工性，适用于热冲压和切削方法制作的零件。合金元素的加入，提高了材料的硬度和强度、耐蚀性、耐磨性，改善了加工工艺性能。

如果是相同牌号的铸造黄铜，其力学性能不如普通黄铜或特殊黄铜，但铸造方法可获得形状复杂的零件，并减少机械加工量，所以也得到广泛应用。铸造黄铜的塑性要求不很高，可以加入较多的合金元素以提高其强度和铸造性能。铸造黄铜牌号用 ZCuZn 及其含量+其他元素符号及其含量来表示。如 ZCuZn16Si4 表示铸造硅黄铜，Zn 含量为 16%（质量分数），Si 含量为 4%（质量分数），余量为铜。

2. 青铜

青铜也分为普通青铜与特殊青铜两类。

（1）普通青铜　普通青铜是铜和锡（Sn）的二元合金，也称为锡青铜。主要特点是有较高的强度和硬度，其塑性和韧性随含 Sn 量的变化而发生明显的改变，若含 Sn 的质量分数低于 6%，塑性较好，可以进行压力加工，大于 6% 则只能铸造生产。锡青铜的导热性和耐蚀性较好，不易受大气腐蚀，其铸造性能好，宜浇铸外形复杂、尺寸要求严格、壁厚较大的铸件，如青铜器。但不适合铸造要求致密的机器零件。古代的铸件很多采用青铜制造，如鼎、钟、镜、剑等。

铸造青铜的牌号以 ZCuSn+质量百分数表示。如 ZCuSn10Pb1 表示 Sn 的质量分数为 10%、Pb 的质量分数为 1% 的铸造锡青铜。

压力加工青铜的牌号以 QSn+数字表示。如 QSn6.5-0.4 表示含 Sn 的质量分数为 6.5%、含其他元素（P）的质量分数为 0.4%，余量为 Cu 的锡青铜。压力加工青铜常用来制作弹簧、接触片、振动片及耐磨抗磁零件。

（2）特殊青铜　由于锡是价格昂贵而稀缺的金属，为节约用锡，有时用其他元素代替，如 Al、Si、Mn 等，又称为无锡青铜，如铝青铜、铅青铜、锰青铜等，作为锡青铜的代用品。加入的合金元素可改善合金的力学性能、耐蚀性、耐磨性及热强性等，其牌号表示方法与锡青铜类似。

铝青铜是铜铝合金，特点是提高了青铜的强度、耐磨性和抗蚀能力，其铸造性能也较好，常用于制造耐磨、耐蚀的齿轮、蜗轮、轴套等。如 ZCuAl10-3-1.5 表示 Al 的质量分数为 10%、Fe 的质量分数为 3%、Mn 的质量分数为 1.5% 的铸造铝青铜。

3. 白铜

白铜是以镍（Ni）为主要添加元素的铜合金，其特点是具有良好的耐蚀性、耐磨性和耐热性，并具有良好的塑性和一定的强度，经压力加工能制成很细的管材。白铜主要用在精密机械、医疗器材、电工器材等方面。

模块 2　铝及铝合金

一、工业纯铝

铝是银白色金属，密度小（2.72g/cm^3），熔点低（660℃），导电、导热性仅次于银、铜、金而居于第四位。铝的化学性质很活泼，在空气中能和氧结合而形成致密的、坚固的氧化铝薄膜，这层薄膜能使金属不再氧化。所以铝在空气、水中有较好的耐蚀能力，能抵抗硝酸、醋酸的腐蚀，但不耐硫酸、盐酸、碱和盐的腐蚀。

铝具有面心立方晶格，强度低，塑性很高，能通过冷或热压力加工成线、板、棒、管等型材。纯铝常用来制造电线、电缆、散热器、要求耐蚀且强度要求不高的日用品或配制合金。

工业纯铝中或多或少存在有杂质（如 Fe、Si 等）。铝中所含杂质数量越多，其导电性、导热性、抗大气腐蚀性及塑性就越低。我国工业纯铝常指铝含量不低于 99.00% 的纯铝，其牌号用 1××× 系列表示。第二位字母表示原始纯铝的改型情况，最后两位数字表示铝的最低百分含量。如 1A35 表示铝的质量分数为 99.35% 的纯铝。

二、铝合金的分类及牌号

纯铝的强度很低，不适宜制作承受载荷的结构零件，常加入一定量的合金元素，如 Si、Cu、Mg、Mn 等，制成铝合金。铝合金强度较高，密度小，有很高的比强度（即强度与密度的比值），好的导热性及耐蚀性等。

1. 铝合金的分类

如图 5-2 所示，按共晶温度时合金元素在 α 固溶体中的溶解度极限 D 点划分，凡成分位于 D 点左边的合金，加热时能形成单相固溶体组织，塑性较好，适于压力加工，称为变形铝合金。在变形铝合金中，凡成分在 F 点左边的铝合金不能通过热处理强化，称为不能热处理强化的铝合金；成分在 F 点右边的铝合金可以通过热处理强化，称为能热处理强化的铝合金。

成分位于 D 点右边的合金，由于合金元素含量较多，具有共晶组织，合金熔化温度低，流动性好，适于铸造，称为铸造铝合金。铸造铝合金不适于压力加工，可以铸造成形状复杂的零件。

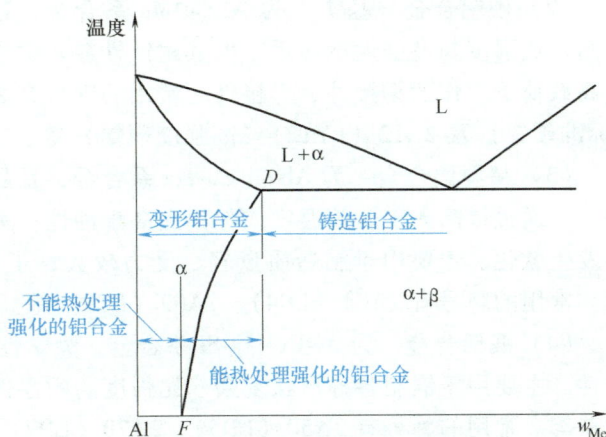
图 5-2　铝合金的分类

2. 铝合金的热处理特点

铝合金的主要热处理是时效硬化。对于不能热处理强化的铝合金，只可以通过冷变形加工硬化方法提高其强度。

铝合金加热到 α 相区，通过保温、水冷淬火，可在室温得到过饱和的 α 固溶体，其强度和硬度并不能立即升高，而塑性却显著改善，这种过程称为淬火或固溶处理。固溶处理后的合金随时间延续而发生进一步强化的现象，称为"时效强化"或"时效硬化"。在室温下所进行的时效称为自然时效，在加热的条件下所进行的时效称为人工时效。

3. 变形铝合金的牌号

变形铝合金的牌号中，第一位为数字，表示铝合金组别：2 表示以 Cu 为主加元素，3 表示以 Mn 为主加元素，4 表示以 Si 为主加元素，5 表示以 Mg 为主加元素，6 表示以 Mg 和 Si 为主加元素，7 表示以 Zn 为主加元素；第二位为字母，表示原始合金改型情况，A 表示原始合金，B～Y 表示改型合金；最后两位为数字，用来区分同一组中不同的铝合金。

4. 铸造铝合金的牌号

铸造铝合金的牌号由"铸"字的汉语拼音字首 Z+Al+其他主要元素符号及百分含量来表示。如 ZAlSi12 表示 Si 的质量分数为 12% 的铸造 Al-Si 合金。

三、变形铝合金

变形铝合金按照其主要性能特点可分为防锈铝合金、硬铝合金、超硬铝合金及锻铝合金等。其中防锈铝合金属于不能热处理强化的变形铝合金，后三种属于能热处理强化的变形铝合金。

（1）防锈铝合金　这类合金主要是 Al-Mn 系或 Al-Mg 系合金，只能用冷变形来提高强度。其耐蚀性好、塑性好、强度适中，主要用于载荷不大的压延、焊接，或耐蚀结构件，如油箱、导管、线材、轻载荷骨架及各种生活器具等。常用的牌号有 5A05（LF5）、3A21（LF21）等。

（2）硬铝合金　基本上为 Al-Cu-Mg 系合金，还含有少量的 Mn。硬铝合金的强度、硬度高，比强度与高强度钢接近，但其耐蚀性差。常用来轧制成板材、管材和型材，以制造在较高载荷下工作的铆接件、焊接件。常用的牌号有 2A01（LY1）（铆钉硬铝）、2A11（LY11）（标准硬铝）及 2A12（LY12）（高强度硬铝）等。

（3）超硬铝合金　为 Al-Zn-Cu-Mg 系合金，是目前强度最高的铝合金。缺点是耐蚀性很差，可通过提高人工时效温度或包铝提高耐蚀性；另外，耐热性也差，当温度高于 120℃ 时会发生软化。主要用于制造质量轻、受力较大、工作温度低的结构件，如飞机大梁、桁架等。常用的牌号有 7A04（LC4）、7A09（LC9）等。

（4）锻铝合金　为 Al-Cu-Mg-Si 系合金，力学性能与硬铝接近，具有良好的热塑性及耐蚀性。主要用于锻制各种形状复杂、比强度高的零件，如发动机风扇叶片、内燃机活塞、气缸盖等。常用的牌号有 2A50（LD5）、2A70（LD7）等。

四、铸造铝合金

铸造铝合金一般用于制作质轻、耐蚀、形状复杂及有一定力学性能的零件。按主要合金元素的不同，铸造铝合金可分为 Al-Si 合金、Al-Cu 合金、Al-Mg 合金、Al-Zn 合金等。其中 Al-Si 合金应用最广。

（1）铸造 Al-Si 合金　Al-Si 合金流动性好，收缩小，不易产生裂纹，具有良好的铸造性能，约占铸造铝合金总产量的 50% 以上。Si 的质量分数为 10%～13% 的 Al-Si 合金是最典型的 Al-Si 合金，属于共晶成分，通常称为"硅铝明"。此外，Al-Si 合金的密度小，耐蚀性好，可以用变质处理来提高其强度，常用来浇铸或压铸质量轻、有一定强度和形状复杂的中小型零件，尤其是薄壁零件，如仪器仪表零件、活塞、发动机机壳等。高强度的复杂 Al-Si 合金可以制造形状复杂、强度要求高并可在高温下工作的机器零件，如内燃机气缸体、活塞等。常用牌号有 ZAlSi7Mg（ZL101）、ZAlSi12（ZL102）、ZAlSi9Mg（ZL104）等。

（2）铸造 Al-Cu 合金　Al-Cu 合金耐热性好，具有较高的高温强度，能通过热处理来强化。缺点是铸造性能和耐蚀性较差，随含 Cu 量增加，耐蚀性降低。加入 Ni、Mn 后耐热性大大提高，常用于制造高强度或高温条件下工作的零件，如内燃机缸头、活塞等。常用牌号有 ZAlCu5Mn（ZL201）、ZAlCu4（ZL203）等。

（3）铸造 Al-Mg 合金　特点是密度小，强度高，耐蚀性较好，能耐大气和海水腐蚀，但铸造性能和耐热性较差。一般仅适用于 200℃ 以下工作的零件，因此常用来制造耐蚀的铸件，在一定场合下可以替代不锈钢。常用牌号有 ZAlMg10（ZL301）、ZAlMg5Si（ZL303）等。

（4）铸造 Al-Zn 合金　具有良好的铸造性，经变质处理和时效处理后，强度高、耐热性好，但耐蚀性差。主要用于制造结构形状复杂的汽车、飞机零件和医疗器械、仪表零件等。常用牌号有 ZAlZn11Si7（ZL401）等。

模块 3　钛及钛合金

钛及钛合金的特点是比强度高，耐热性、耐蚀性好，具有良好的低温韧性，资源丰富，是航空、航天等部门的重要结构材料。缺点是加工条件复杂，成本较昂贵。

一、工业纯钛

纯钛呈银白色，熔点高（1668℃），密度小（4.5g/cm³），具有密排六方晶格，在883℃时发生同素异构转变。钛按纯度可分为四级：TA0、TA1、TA2、TA3，数字越大，纯度越低，强度增加，而塑性、韧性降低。工业纯钛常用于制造 350℃ 以下工作的低载荷零件，如发动机部件、柴油机活塞、连杆等。

二、钛合金

向钛中加入 Al、B、Mo、Cr、V、Mn 等元素制成钛合金，可提高性能，满足不同需要。按组织类型的不同，钛合金可分为 α 型、β 型和 α+β 型钛合金，其牌号分别用 TA、TB、TC 加序号来表示。

α 型钛合金（TA）：其组织为单相 α 固溶体，主要合金元素是 Al，具有很好的强度、韧性、热稳定性、焊接性和铸造性，抗氧化能力好，塑性较低，热强性很好，可用来制造飞机涡轮机壳。

β 型钛合金（TB）：其组织为 β 固溶体，合金元素有 Cr、Mo、Mn、Al 等，强度较高、韧性好，易于进行冲压成形，经淬火和时效处理后析出弥散的 α 相，强度进一步提高，用于制造高强度板材和形状复杂的零件。

α+β 型钛合金（TC）：由 α 固溶体和 β 固溶体两相组成，主要添加 Al，也加入 Mn、Cr、V 等，因此具有上述两类合金的优点，塑性好、热强性好、抗海水腐蚀能力强、生产工艺简单，并可通过淬火和时效处理进行强化，主要用于飞机压气机盘和叶片、舰艇耐压壳体、大尺寸锻件、模锻件等。

钛合金还具有良好的低温工作性能，如 TC4 在 -196℃ 以下仍具有良好的韧性，用于制造低温高压容器，如火箭及导弹的液氢燃料箱等。钛合金可用于高、低温工作条件下的结构材料。

模块4　滑动轴承合金

轴承起减摩作用，可分为滚动轴承和滑动轴承两类。滑动轴承具有承压面积大、工作平稳无噪声及检修方便等优点，所以占有相当重要的地位。在滑动轴承中，制造轴瓦及内衬的合金，称为轴承合金。

一、对滑动轴承合金性能的要求

1）力学性能：①要求硬度合适，硬度太低易变形，不耐磨；硬度太高不易同轴颈磨合，使轴的运转情况恶化；②具有良好的塑性和韧性，以抵抗受冲击和振动而发生的开裂；③有较高的疲劳强度，以避免疲劳破裂；④有足够的抗压强度和屈服强度，以承受轴的压力和摩擦生热，抵抗热变形。

2）具有磨合性和耐磨性，并能保持住润滑油。

3）具有良好的耐蚀性、导热性及较小的膨胀系数。

4）经济性好。要求容易制造，价格低廉。

滑动轴承合金既要求有较高的强度，又要求有较好的减摩性。针对这两个对立的性能要求，合金组织应同时存在两类不同的组织组成物：一种是在软基体上分布硬质点，另一种是在硬基体上分布软质点。

对于在软基体上分布硬质点（图5-3），轴承磨合后，软的基体被磨损而压凹，可以储存润滑油，以便能形成连续的油膜，同时，软的基体还能承受冲击和振动，并使轴和轴承能很好地磨合。软的基体还能起嵌藏外来硬质点的作用，以保证轴颈不被擦伤。这类组织承受高负荷能力差，属于这类组织的有锡基和铅基轴承合金，又称为巴氏合金。

对于在硬基体上分布软质点（图5-4），这类组织有较大的承载能力，但磨合能力较差。属于这类组织的有铝基和铜基轴承合金。

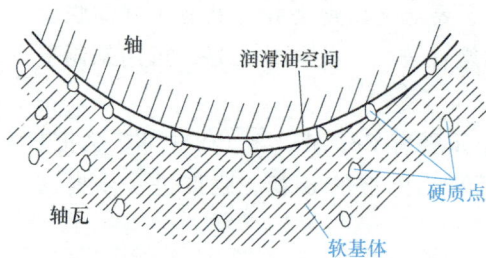

图5-3　软基体上分布硬质点

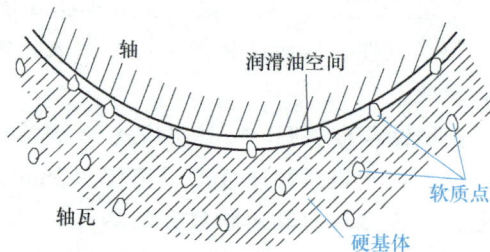

图5-4　硬基体上分布软质点

二、常用轴承合金

1. 锡基、铅基轴承合金（巴氏合金）

这种合金的牌号以"Z+基本元素符号+主加元素符号及质量分数+辅助元素符号及质量分数"表示。如 ZPbSb15Sn5 表示铸造铅基轴承合金，基体元素为 Pb，主加元素为 Sb，其质量分数为 15%，辅加元素为 Sn，其（平均）质量分数为 5%。

锡基轴承合金（锡基巴氏合金）是以 Sn 为基体，加入 Sb、Cu 等元素组成的合金。摩擦系数和膨胀系数小，具有良好的导热性、塑性和耐蚀性，适于制造高速重负荷条件，但其疲劳强度低，许用温度也较低（不高于 150℃）。由于 Sn 较贵，条件允许的情况下，采用铅基轴承合金代替锡基轴承合金。

铅基轴承合金（铅基巴氏合金）是以 Pb、Sb 为基体，加入 Sn、Cu 等元素组成的合金。铅基轴承合金的硬度、强度、韧性、导热性及耐蚀性比锡基轴承合金低，且摩擦系数较大，但价格便宜。常作低速、低负荷的轴承合金使用，如汽车曲轴轴承、电动机轴承等。工作温度不能超过 120℃。

2. 铜基、铝基轴承合金

铜基轴承合金常用的有铅青铜、锡青铜等，常用牌号有 ZCuPb20Sn5、ZCuSn10Pb5 等。Cu 和 Pb 在固态时互不溶解，显微组织为 Cu+Pb，Cu 为硬基体，粒状 Pb 为软质点。与巴氏合金相比，具有高的疲劳强度和承载能力，优良的耐磨性、导热性和低的摩擦系数，因此可作为承受高载荷、高速度及高温下工作的轴承。

铝基轴承合金是以 Al 为基体加入 Sb、Sn 等合金元素所组成的合金，密度小，导热性和耐蚀性好、疲劳强度高，原料丰富，价格低廉，广泛应用于高速、重载下工作的汽车、拖拉机及柴油机轴承等。但它的线膨胀系数大，运转时容易与轴咬合而使轴磨损，但可通过提高轴颈硬度、加大轴承间隙和降低轴承与轴颈表面粗糙度值等办法来解决。

视野拓展

早在古代，人们就开始使用铜、铅、锡等有色金属进行工艺品制作、武器铸造等。这些有色金属材料的应用，展现了古代民族智慧和文化传承。

进入近代，随着工业革命的到来，有色金属材料的应用范围逐渐扩大，成为工业发展的重要支撑。中国的有色金属工业在这一时期也开始崭露头角，但受到外来侵略和不平等条约的影响，长期处于落后状态。

抗日战争和解放战争时期，有色金属材料的生产得到了极大的发展。在充满火药味的战争年代，有色金属材料成为国防建设的重要组成部分，为保家卫国、抵御外敌提供了坚实的材料基础。

新中国成立后，特别是改革开放以来，中国的有色金属工业经历了飞速发展。国家加大对有色金属材料技术的研发投入，提高了生产技术水平和产品质量，有色金属材料的应用领域不断拓展，为国家的现代化建设做出了重要贡献。

当代，随着科技的进步和工业化水平的不断提高，有色金属材料的研发和应用进入了新的阶段。中国有色金属企业积极开展技术创新，推动材料工程技术的发展，实现了从追赶到领先的转变。

在有色金属材料的发展历史中，中国的科技工作者和产业工作者以无比的热情和勇气，为国家的发展献出了辛勤的汗水和智慧，展现了爱国主义精神的光辉。他们的奋斗历程，充分彰显了中华民族自强不息、勇往直前的精神风貌，为中华民族伟大复兴的中国梦增添了绚丽的色彩。

单 元 小 结

有色金属已成为科技和工程中不可缺少的重要材料。本单元介绍了铝、铜、钛等有色金属及其合金以及滑动轴承合金。单元 5 思维导图如图 5-5 所示。

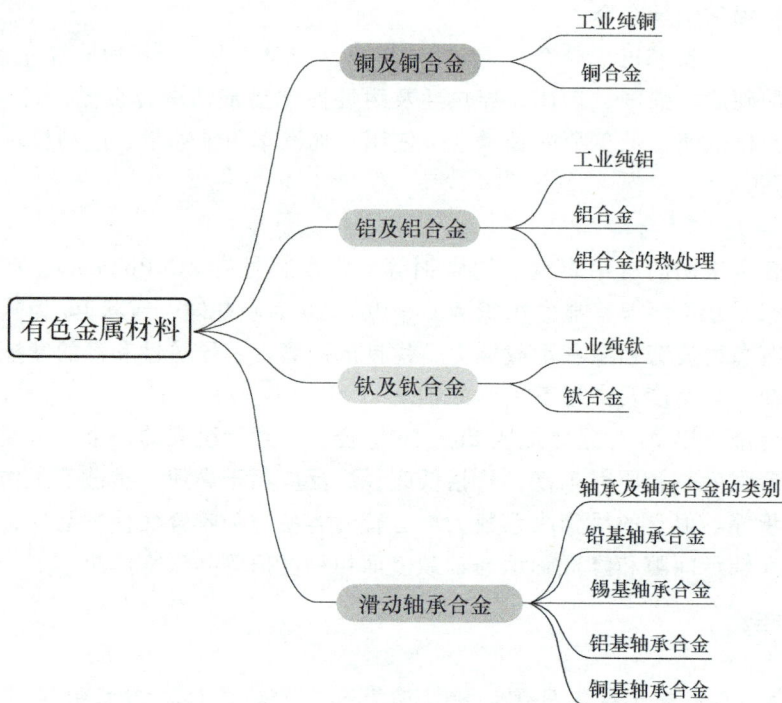

图 5-5　单元 5 思维导图

自 我 测 评

一、选择题

1. 铝合金的主要热处理是_____。
   A. 淬火 　　　 B. 退火 　　　 C. 渗碳 　　　 D. 时效硬化

2. 铜合金中添加锌的主要目的是_____。
   A. 提高导电性 　B. 提高强度 　C. 提高耐磨性 　D. 提高耐蚀性

3. 铜合金中添加锡通常会产生的效果。
   A. 提高强度 　　B. 提高导电性 　C. 提高耐磨性 　D. 提高耐蚀性

4. 铝合金中常用作强化剂的元素是_____。
   A. 镁、硅 　　　B. 铁、锰 　　　C. 铜、锌 　　　D. 铅、锑

5. 以下哪种方法可以用于提高铝合金的耐蚀性？_____
   A. 表面喷涂 　　B. 热处理 　　　C. 添加锌 　　　D. 硬化处理

6. 黄铜主要的合金元素是_____，普通青铜主要的合金元素是_____。
   A. 锌、锡 　　　B. 铁、锰 　　　C. 铜、锌 　　　D. 铅、锑

7. 下面铝合金中，强度最高的是_____。

A. 5A05　　　　B. 2A01　　　　C. 7A04　　　　D. 2A50

二、简答题

1. 铝合金分为哪几种类型？分类的依据是什么？

2. 铝合金的热处理有何特点？

3. 变形铝合金分为哪几类？各有何性能特点？

4. 工业纯铜有何特点？应用范围是什么？

5. 铜合金分为哪几类？主要合金元素各是什么？

6. 钛合金分为哪几类？各有何性能特点？

7. 对滑动轴承合金的性能有何要求？常用的滑动轴承合金有几类？各有何性能特点？

8. 说明下列牌号的名称及含义。

HPb59-1、ZCuZn16Si4、ZCuSn10P1、H68、ZAlMg10、7A09、ZAlSi12、QSn6.5-0.4、B19、BMn3-12。

单 元 收 获

请结合本单元学习目标和思维导图，归纳本单元各知识点的主要内容。

单元6 Unit 6 非金属材料及新型材料

传统的金属材料如铝合金虽然具有一定的强度和耐蚀性，但在面对极端温度和高速飞行时可能存在局限性。因此，我们需要寻找更加适合这一应用场景的非金属材料或新型材料。

以碳纤维复合材料为例，它是一种轻质高强度的非金属材料，由碳纤维和树脂基体组成。这种材料具有优异的比强度和比刚度，能够在极端的温度和气压下保持稳定的性能，同时具有良好的耐蚀性。因此，将碳纤维复合材料应用于航空航天器的外壳设计中，不仅可以降低结构重量，提高飞行性能，还能够保证航天器在恶劣环境中的可靠性和安全性。飞机机身结构示意图如图 6-1 所示。

非金属材料及新型材料在航空航天领域的广泛应用，展示了材料选择对于提高产品性能和适应特定环境需求的重要性。

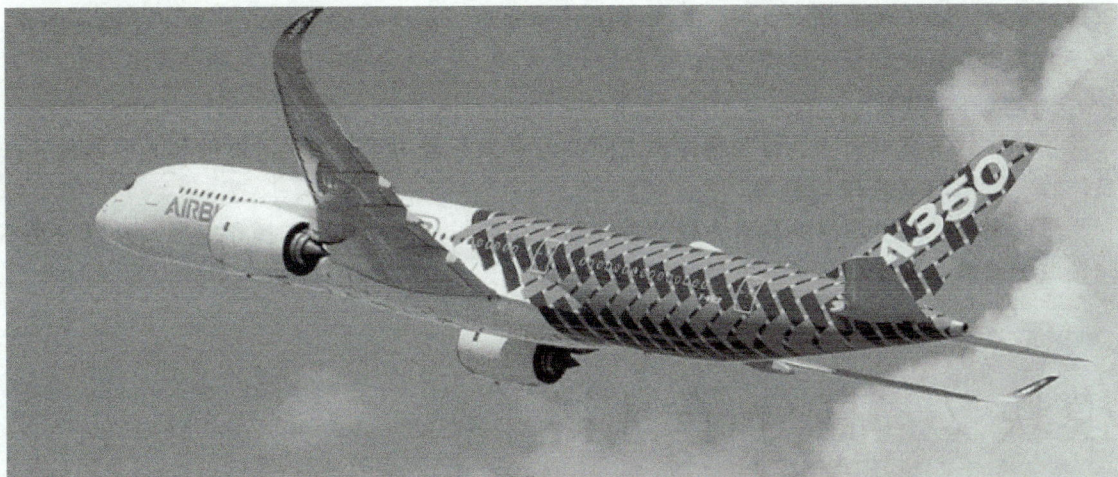

图 6-1　飞机机身结构示意图

【学习目标】

1. 掌握非金属材料各种力学性能的概念、含义及分类。
2. 了解高分子材料的分类及性能。

3. 了解陶瓷材料的分类、性能及应用。

4. 了解复合材料的分类、性能、应用及常用的类别。

模块 1 非金属材料概述

非金属材料是指除了金属材料之外的材料，包括但不限于陶瓷、聚合物（塑料和橡胶）、复合材料、玻璃和半导体材料等。这些材料通常具有不同于金属的特性和应用场景，广泛应用于各个领域，如建筑、电子、汽车、医疗和航空航天等。

1. 陶瓷

陶瓷具有高温稳定性、耐蚀性和绝缘性等特点，常用于制造陶瓷器皿、瓷砖、电子元件和陶瓷刀具等。

2. 聚合物

聚合物是由单体通过聚合反应形成的高分子化合物，包括塑料和橡胶两大类。塑料具有质轻、可塑性强、绝缘性好等特点，广泛应用于包装、建筑、汽车和电子等领域；橡胶具有弹性、耐磨性和密封性好等特点，常用于制造轮胎、密封件和管道等。

3. 复合材料

复合材料是由两种或两种以上的材料通过复合工艺形成的材料，通常包括增强相和基体相。常见的复合材料有碳纤维复合材料、玻璃纤维复合材料和金属基复合材料等，具有优异的强度、刚度和耐蚀性，被广泛应用于航空航天、汽车和体育器材等领域。

4. 玻璃

玻璃是一种无机非晶态材料，具有透明、硬度高、耐蚀性好等特点，常用于制造窗户、瓶子、玻璃器皿和光学元件等。

5. 半导体材料

半导体材料具有介于导体和绝缘体之间的电导率，常用于制造电子器件和光电器件，如晶体管、太阳能电池和 LED 等。

总的来说，非金属材料具有多样的特性和应用场景，通过合理选择和应用，可以满足不同领域的需求，并推动技术的发展和创新。

模块 2 高分子材料

高分子材料是以高分子化合物为主要组分的材料。高分子化合物是指相对分子质量（分子量）很大的化合物，其相对分子质量一般在 5000 以上。高分子化合物包括有机高分子化合物和无机高分子化合物两类。有机高分子化合物又分为天然的和合成的两类。

机械工程中使用的高分子材料主要是人工合成的有机高分子聚合物（简称高聚物），例如塑料、合成橡胶、合成纤维、涂料和胶接剂等。高分子材料应用十分广泛，其缺点是强度、刚度不够大，易老化，不适于用作承重量大的结构件。

一、塑料

1. 塑料的组成

塑料是以合成树脂为主要成分，加入一些用来改善使用性能和工艺性能的添加剂而制成的高分子材料。树脂的种类、性能、数量决定了塑料的性能，因此，塑料基本上都是以树脂的名称命名的，如聚氯乙烯塑料的树脂就是聚氯乙烯。工业中用的树脂主要是合成树脂，如聚乙烯、聚氯乙烯等。

2. 塑料的分类

按树脂的热性能，可将塑料分为热塑性塑料和热固性塑料。热塑性塑料指能重复加热成型的塑料；热固性塑料指不能重复加热成型的塑料。

按使用范围，塑料包括通用塑料和工程塑料。通用塑料指产量大、价格低、应用广的常用塑料；工程塑料指强度高，能用于机械零件和工程构件的塑料。

3. 塑料的性能

1）重量轻、比强度高。塑料的密度为 $0.9 \sim 2.2g/cm^3$，只有钢铁的 $1/8 \sim 1/4$。泡沫塑料的密度约 $0.01g/cm^3$。塑料的强度比金属低，但比强度高，这对减轻机械产品的重量具有重要意义。

2）化学稳定性好。能耐大气、水、碱、有机溶剂等的腐蚀。

3）具有优异的电绝缘性。介质损耗小，其电绝缘性可与陶瓷、橡胶等绝缘材料相媲美。

4）减摩、耐磨性好。有些塑料（如聚四氟乙烯、尼龙等）具有自润滑性。可用于制作在无润滑条件下工作的某些零件。

5）消声和吸振性好。塑料轴承和齿轮工作时平稳无声，大大减小了噪声污染。泡沫塑料常被用作隔声材料。

6）成型性好。塑料有注射、挤压、模压、浇塑等多种成型方法，且工艺简单，生产率高。

7）耐热性差，易老化（在光、热、载荷等的长期作用下，塑料易变硬、变脆和开裂）；导热性差（约为金属的1/500）；热膨胀系数大（约为金属的3～10倍）。

4. 塑料成型及加工方法

①注射成型法；②挤出成型法；③吹塑成型法；④压延成型法；⑤压制成型法；⑥车削；⑦粘焊。

5. 常用塑料

（1）热塑性塑料

1）聚乙烯（PE）：按生产工艺不同，分为高压聚乙烯、中压聚乙烯和低压聚乙烯。高压聚乙烯化学稳定性好，柔软性、绝缘性、透明性、耐冲击性好，宜吹塑成薄膜、软管、瓶等。低压聚乙烯质地坚硬，耐磨性、耐蚀性、绝缘性好，适宜制作化工用管道、槽，电线、电缆包皮，承载小的齿轮、轴承等，又因其无毒，可制作茶杯、奶瓶、食品袋等。

2）聚氯乙烯（PVC）：分为硬质和软质两种。硬质聚氯乙烯强度较高，绝缘性和耐蚀性好，耐热性差，在-15～60℃温度范围使用，用于化工耐蚀的结构材料，如输油管、容器、离心泵、阀门管件等，用途很广。软质聚氯乙烯强度低于硬质聚氯乙烯，伸长率大，绝缘性较好，在−15~60℃的温度范围使用，用于电线、电缆的绝缘包皮，农用薄膜，工业包装等，因其有毒，不能包装食品。

3）聚丙烯（PP）：密度小，是常用塑料中最轻的一种。其强度、硬度、刚性、耐热性均高于低压聚乙烯，可在120℃以下长期工作。其绝缘性好，且不受湿度影响，无毒无味，但低温脆性大，不耐磨，易老化。用于一般机械零件，如齿轮、耐蚀件（如泵叶轮、化工管道、容器），绝缘件，电视机、收音机、电扇、电机罩等壳体，生活用具，医疗器械，食品和药品包装等。

4）聚酰胺（PA）：俗称尼龙或锦纶。其强度、韧性、耐磨性、耐蚀性、吸振性、自润滑性、成型性好，摩擦系数小，无毒无味，可在100℃以下使用。其蠕变值大，导热性差，吸水性高，成型收缩率大。常用的有尼龙6、尼龙66、尼龙610、尼龙1010等。用于制造耐磨、耐蚀的某些承载和传动零件，如轴承、机床导轨、齿轮、螺母及一些小型零件，也可用于制作高压耐油密封圈，或喷涂在金属表面作防腐、耐磨涂层，应用较广。

5）聚甲基丙烯酸甲酯（PMMA）：俗称有机玻璃。其透光性、着色性、绝缘性、耐蚀性好，在自然条件下老化发展缓慢，可在−60~100℃使用。不耐磨，脆性大，易溶于有机溶剂中，硬度不高，表面易擦伤。用于航空、仪器、仪表、汽车中的透明件和装饰件，如飞机窗、灯罩、电视和雷达屏幕、油标、油杯、设备标牌等。

6）ABS塑料：是丙烯腈（A）、丁二烯（B）、苯乙烯（S）的三元共聚物。其综合力学性能好，尺寸稳定性、绝缘性、耐水和耐油性、耐磨性好，长期使用易起层。用于制造齿轮、叶轮、轴承、把手、管道、贮槽内衬、仪表盘、轿车车身、汽车挡泥板、电话机、电视机、仪表的壳体，应用较广。

7）聚甲醛（POM）：其耐磨性、尺寸稳定性、着色性、减摩性，绝缘性好，可在−40~100℃长期使用，加热易分解，成型收缩率大。用于制造减摩、耐磨件及传动件，如轴承、滚轮、齿轮，绝缘件，化工容器，仪表外壳，表盘等，可代替尼龙和有色金属。

8）聚四氟乙烯（PTFE）：也称塑料王。有极强的耐蚀性，可抗王水腐蚀，绝缘性、自润滑性好，不吸水，摩擦系数小，可在−195~250℃使用，但价格较高。用于耐蚀、减摩、耐磨件，密封件，绝缘件，如高频电缆、电容线圈架、化工用反应器、管道等。

9）聚碳酸酯（PC）：其强度高，韧性、尺寸稳定性、透明性好，可在−60~120℃长期使用，耐疲劳性不如尼龙和聚甲醛。用于制造齿轮、蜗轮、凸轮，电气仪表零件，大型灯罩，防护玻璃，飞机挡风罩，高级绝缘材料，用途很广。

10）聚砜（PSU）：其强度、硬度、成形温度高，抗蠕变、尺寸稳定性、绝缘性好，可在−100~150℃长期使用，不耐有机溶剂和紫外线。用于制造耐热件，绝缘件，减摩、耐磨件，高强度件，如凸轮、精密齿轮、真空泵叶片、仪表壳体和罩、汽车护板、电子器件等。

（2）热固性塑料

1）酚醛塑料（PF）：俗称电木。其强度、硬度、绝缘性、耐蚀性、尺寸稳定性好，工作温度高于100℃，脆性大，耐光性差，只能模压成型，价格低。用于制造仪表外壳，灯头、灯座、插座，电器绝缘板，耐酸泵，刹车片，电器开关，水润滑轴承等。

2）氨基塑料：俗称电玉。其颜色鲜艳，半透明如玉，绝缘性好，长期使用温度低于80℃，耐水性差。用于制造装饰件、绝缘件，如开关、插头、旋钮、把手、灯座、钟表外壳等。

3）环氧塑料（EP）：俗称万能胶。其强度、韧性、绝缘性、化学稳定性好，能防水、防潮、防霉，可在-80～155℃长期使用，成型工艺简便，成型后收缩率小，黏结力强。用于制造塑料模具、仪表和电器零件、电子元件及线圈，也可用于涂覆、包封和修复机件。

二、橡胶

1. 橡胶的组成与性能

橡胶是以生胶为主要原料，加入适量配合剂而制成的高分子材料。

橡胶具有弹性大（最高伸长率可达 800%～1000%，外力去除后能迅速恢复原状），吸振能力强，耐磨性、隔声性、绝缘性好，可积储能量，有一定的耐蚀性和足够的强度。其主要缺点是易老化，耐油性差，可通过加入防老化剂延缓和减轻老化过程。

2. 橡胶的分类

按照原料的来源，橡胶可分为天然橡胶和合成橡胶两大类。

天然橡胶是以天然橡胶树上流出的胶乳经过处理后制成的。因资源有限，不能满足生产需要。

合成橡胶是以石油、天然气、煤等为原料，加入适量的配合剂并通过化学合成的方法制成的与橡胶性能相似的高分子材料。主要有七大品种：丁苯橡胶、顺丁橡胶、氯丁橡胶、异戊橡胶、丁基橡胶、乙丙橡胶和丁腈橡胶。习惯上按用途将合成橡胶分成两类：性能和天然橡胶接近，可以代替天然橡胶的通用橡胶和具有特殊性能的特种橡胶。

3. 常用橡胶

常用橡胶的类别、性能及用途见表 6-1。

表 6-1　常用橡胶的类别、性能及用途

类别	名称（代号）	拉伸强度 TS/MPa	伸长率 E（%）	使用温度 t/℃	回弹性	耐磨性	耐碱性	耐酸性	耐油性	耐老化	应用举例
通用橡胶	天然橡胶（NR）	17～35	650～900	-60～100	好	中	好	差	差	差	轮胎、胶带、胶管
	丁苯橡胶（SBR）	15～20	500～600	-60～120	中	好	中	差	差	好	轮胎、胶板、胶布、胶带、胶管
	顺丁橡胶（BR）	18～25	450～800	-70～100	好	好	好	差	差	好	轮胎、V 带、耐寒运输带、绝缘件
	氯丁橡胶（CR）	25～27	800～1000	-35～130	中	中	好	中	好	好	电线（缆）包皮,耐燃胶带、胶管,汽车门窗嵌条,油罐衬里
	丁腈橡胶（NBR）	15～30	300～800	-55～130	中	中	中	中	好	中	耐油密封圈、输油管、油槽衬
特种橡胶	聚氨酯橡胶（UR）	20～35	300～800	-60～80	中	好	差	差	好		耐磨件、实心轮胎、胶辊
	氟橡胶（FPM）	20～22	100～500	-40～300	中	中	好	好	好	好	高级密封件,高耐蚀件,高真空橡胶件
	硅橡胶	4～10	50～500	-70～280	差	差	好	中	差	好	耐高、低温制品和绝缘件

模块 3 陶瓷材料

陶瓷原指硅酸盐材料，目前是所有无机非金属材料的简称。陶瓷的特点是耐热性优良，除具有良好的绝缘性、半导体性能外，还具有磁性、介电性等功能，不易变形，断裂时属脆性破坏，韧性低。

一、陶瓷的分类

陶瓷按原料不同分为传统陶瓷和特种陶瓷两大类；按用途不同分为日用陶瓷和工业陶瓷两大类。

传统陶瓷又称为普通陶瓷，其原料是天然的硅酸盐产物，如黏土、长石、石英等，也称为硅酸盐陶瓷，例如日用陶瓷、建筑陶瓷、绝缘陶瓷、化工陶瓷等。普通陶瓷的特点是坚硬且脆性较大，绝缘性和耐蚀性极好，制造工艺简单、成本低廉，用量大。

日用陶瓷制作的日用器皿和瓷器，具有良好的光泽度、透明度，热稳定性和力学强度较高。

工业陶瓷包括炻瓷和精陶，分为建筑卫生瓷（装饰板、卫生间装置及器具等）、电工瓷（电器绝缘用瓷，也称为高压陶瓷）、化学化工瓷（化工、制药、食品等工业及实验室中的管道设备、耐蚀容器及实验器皿）等。

特种陶瓷又称为新型陶瓷，其原料是人工合成的金属氧化物、碳化物、氮化物、硅化物、硼化物等。特种陶瓷具有一些独特的性能，可满足工程结构的特殊需要。

二、陶瓷的性能

1）高硬度。硬度是陶瓷材料的重要性能指标，大多数陶瓷材料的硬度比金属高得多（硬度仅次于金刚石），故其耐磨性好。

2）高弹性模量与高脆性。陶瓷在拉伸时几乎没有塑性变形，在拉应力作用下产生一定弹性变形后直接脆断，大多数的陶瓷材料的弹性模量都比金属高。

3）低抗拉强度和较高的抗压强度。由于陶瓷内部存在大量气孔，其作用相当于裂纹，故其抗压强度较高。

4）优良的高温强度。陶瓷的熔点高于金属，具有优于金属的高温强度。大多数金属在1000℃以上就丧失强度，而陶瓷在高温下不仅保持高硬度，而且基本保持其室温下的强度，具有高的蠕变抗力，同时抗氧化性能好，广泛用作高温材料。

5）低的抗热震性。陶瓷承受温度急剧变化的能力差，当温度剧烈变化时，陶瓷容易碎裂。

三、常用特种陶瓷

特种陶瓷有压电陶瓷、磁性陶瓷、电容器陶瓷、高温陶瓷等。工程上最重要的是高温陶瓷，包括氧化物陶瓷、硼化物陶瓷、氮化物陶瓷和碳化物陶瓷。

1）氧化物陶瓷。熔点大多为2000℃以上，烧成温度约1800℃；具有单相多晶体结构，有时有少量气相；强度随温度的升高而降低，在1000℃以下时一直保持较高强度，随温度变化不大；纯氧化物陶瓷在任何高温下都不会氧化。氧化物陶瓷包括氧化铝陶瓷（耐火砖、高压器皿、坩埚、电炉炉管、热电偶套管等），氧化锆陶瓷（冶炼坩埚和1800℃以上的发热体及炉子、反应堆绝热材料等）。

2）硼化物陶瓷。包括硼化铬、硼化钼、硼化钛、硼化钨和硼化锆等，具有高硬度，较好的耐化学浸蚀能力，熔点为1800~2500℃，使用温度为1400℃，用于高温轴承、内燃机喷嘴，各种高温器件，处理熔融非铁金属的器件等，还用作电触点材料。

3）氮化物陶瓷。氮化物陶瓷中的氮化硅陶瓷是键能高且稳定的共价键晶体，硬度高且摩擦系数小，有自润滑作用，是优良的耐磨减摩材料。氮化硅的耐热温度比氧化铝低，而抗氧化温度高于碳化物和硼化物，1200℃以下具有较高的力学性能和化学稳定性，且热膨胀系数小、抗热冲击，可用作优良的高温结构材料氮化硅陶瓷耐各种无机酸（氢氟酸除外）和碱溶液侵蚀，是优良的耐蚀材料。

4）碳化物陶瓷。具有很高的熔点、硬度（近于金刚石）和耐磨性（特别是在侵蚀性介质中），缺点是耐高温氧化能力差（900~1000℃）、脆性极大。主要用途是作耐火材料（碳化硅）、磨料，有时用于超硬质工具材料（碳化硼）。

模块4　复合材料

随着现代工业的发展，对材料的性能要求越来越高，除要求材料具有高强度、耐高温、耐蚀、耐疲劳等性能外，甚至有些构件要求材料同时具有相互矛盾的性能，如既要求导电又要绝热，强度要比钢高，而弹性又要比橡胶好等，这时单一材料是无法满足的，就要采用复合技术，于是出现了复合材料。

复合材料是指由两种或两种以上物理和化学性质不同的物质组合而得到的一种多相固体材料。不同的非金属之间，不同的金属材料之间以及非金属材料与金属材料之间都可以互相复合。

一、复合材料的分类

复合材料一般由增强材料和基体材料组成。基体材料一般强度低、刚度小、韧性好，形成几何形状并起粘结作用。增强材料一般强度高、刚度大、较脆，起提高强度或韧性的作用。

复合材料常用的分类方法有三种。

1）按基体材料不同，分为非金属基体和金属基体两类。使用较多的是以高分子材料为基体的复合材料。

2）按增强材料的种类和形状不同，分为纤维增强、颗粒增强、层叠、骨架复合材料等。

3）按功能不同，分为结构复合材料、功能复合材料等。结构复合材料用于制造结构件，功能复合材料是指具有某些物理功能和效应的复合材料。

二、复合材料的性能

复合材料既要保持组成相（基体材料和增强材料）各自的最佳特性，又具有组合后的新特性，从而满足构件对性能的要求。

1）比强度和比模量高。如碳纤维和环氧树脂组成的复合材料，其比强度是钢的8倍，比模量（弹性模量与密度之比）比钢大3倍。

2）抗疲劳性能好。例如碳纤维-聚酯树脂复合材料的疲劳强度是其抗拉强度的70%-80%，而大多数金属的疲劳强度是其抗拉强度的30%~50%。

3）减振性能好。如尺寸形状相同的梁，金属梁9s停止振动，碳纤维复合材料制成的梁2.5s就可停止振动。

4）高温性能好。一般铝合金在400~500℃时弹性模量急剧下降，强度也下降。碳或硼纤维增强的铝复合材料，在上述温度时，其弹性模量和强度基本不变。

此外，复合材料还有较好的减摩性、耐蚀性、断裂安全性和工艺性等。复合材料的缺点是抗冲击性差，不同方向上的力学性能存在较大差异，构件制造时手工劳动多，质量不够稳定，成本较高。

三、常用复合材料

1. 纤维增强复合材料

主要由纤维、树脂和填充料三部分复合而成。常用的有以下几种。

（1）玻璃纤维增强复合材料（俗称玻璃钢）　按粘结剂不同，分为热塑性玻璃钢和热固性玻璃钢。

1）热塑性玻璃钢。以玻璃纤维为增强剂，热塑性树脂为粘结剂。与热塑性塑料相比，当基体材料相同时，强度和疲劳强度提高2~3倍，冲击韧度提高2~4倍，抗蠕变能力提高2~5倍，强度超过某些金属。这种玻璃钢用于制作轴承、齿轮、仪表盘、收音机壳体等。

2）热固性玻璃钢。以玻璃纤维为增强剂，热固性树脂为粘结剂。其密度小，耐蚀性、绝缘性、成型性好，比强度高于铜合金和铝合金，甚至高于某些合金钢。但刚度差，为钢的1/10~1/5，耐热性不高（低于200℃），易老化和蠕变。主要用于制作要求自重轻的受力件，如汽车车身、直升机旋翼、氧气瓶、轻型船体、耐海水腐蚀件、石油化工管道和阀门等。

（2）碳纤维增强复合材料　这是以碳纤维或其织物为增强相、以树脂为粘结剂而制成的增强材料。这种复合材料与玻璃钢相比，抗拉强度高，弹性模量是玻璃钢的4~6倍；疲劳强度高、密度低、耐磨性和耐蚀性好、膨胀系数小、能导电、伸长率小，但抗冲击性差，价格昂贵。

2. 层叠复合材料

层叠复合材料是由两层或两层以上不同材料复合而成。用层叠法增强的复合材料可使强度、刚度、耐磨性、耐蚀性、绝热性、隔声性、减轻自重等性能分别得到改善。常见的有双层金属复合材料、塑料-金属多层复合材料和夹层结构复合材料等。

3. 颗粒增强复合材料

即由一种或多种材料的颗粒均匀分散在基体材料内所组成的复合材料。金属陶瓷就是颗粒增强复合材料,它是将金属的热稳定性好、塑性好,高温易氧化和蠕变等性能,与陶瓷的脆性大,热稳定性差,但耐高温、耐蚀等性能进行互补,将陶瓷微粒分散于金属基体中,使两者复合为一体。一般用作工具材料,如钨钴类硬质合金刀具就是一种金属陶瓷。

视野拓展

纳米材料简介

纳米(nm)是一种长度单位,$1nm = 10^{-9}m$(十亿分之一米)或$10^{-3}\mu m$(千分之一微米)。大约是3~4个原子的宽度。纳米材料又称为超微颗粒材料,由纳米粒子组成。纳米粒子也称为超微颗粒,一般是指尺寸为1~100nm的粒子。

按照材料的形态,可将纳米材料分为四种:纳米颗粒型材料、纳米固体材料、纳米膜材料、纳米磁性液体材料。

1. 纳米颗粒型材料

纳米颗粒型材料在应用时直接使用纳米颗粒的形态。纳米颗粒催化剂可利用其甚高的比表面积与活性显著地提高催化效率。例如,以粒径小于$0.3\mu m$的镍和铜-锌合金的超微颗粒为主要成分制成的催化剂,可使有机物氯化的效率达到传统镍催化剂的10倍;以超细的铁微粒作为催化剂,可以在低温下将二氧化碳分解为碳;超细铁粉可在苯气相热分解中起成核作用,从而生成碳纤维。

2. 纳米固体材料

纳米固体材料通常指由尺寸小于15nm的超微颗粒在高压力下压制成型,或再经一定热处理工序后所生成的致密型固体材料。

纳米固体材料的主要特征是具有巨大的颗粒间界面,如5nm颗粒所构成的固体每立方厘米将含1019个晶界,原子的扩散系数要比大块材料高1014~1016倍,从而使得纳米材料具有高韧性。通常陶瓷材料具有高硬度、耐磨、耐蚀等优点,但又具有脆性和难以加工等缺点,纳米陶瓷在一定的程度上可增加韧性、改善脆性。

3. 纳米膜材料

纳米膜材料是指将颗粒嵌于薄膜中所生成的复合薄膜。通常选用两种在高温互不相溶的组元制成复合靶材,在基片上生成复合膜,当两组分的比例大致相当时,就生成迷阵状的复合膜,因此改变原始靶材中两种组分的比例可以很方便地改变纳米膜中的颗粒大小与形态,从而控制膜的特性。对于金属与非金属复合膜,改变组成比例可使膜的导电性质从金属导电型转变为绝缘体。

4. 纳米磁性液体材料

纳米磁性液体材料是由超顺磁性的超细微粒包覆一层有机表面活性剂后,高度弥散于一定基液中所构成的稳定的具有磁性的液体。它可以在外磁场作用下整体地运动,因此具有其他液体所没有的磁控特性。常用的磁性液体采用铁氧体微颗粒制成,它的饱和磁化强度大致低于0.4T。目前研制成功的由金属磁性微粒制成的磁性液体,其饱和磁化强度可比前者高4倍。在国外磁性液体已商品化,美、日、英等国均有磁性液体公司,供应各种用途的磁性液体及其器件。磁性液体的用途十分广泛,可用于旋转轴动态密封、提高扬声器的输出功率、分离不同比重的非磁性金属与矿物等。

单 元 小 结

常用的非金属材料主要包括高分子材料、陶瓷材料和复合材料等。高分子材料是以高分子化合物为主要组分的材料，如塑料、合成橡胶、合成纤维、涂料和胶粘剂等；陶瓷是所有无机非金属材料的简称；复合材料是指由两种或两种以上物理和化学性质不同的物质组合而得到的一种多相固体材料。单元 6 思维导图如图 6-2 所示。

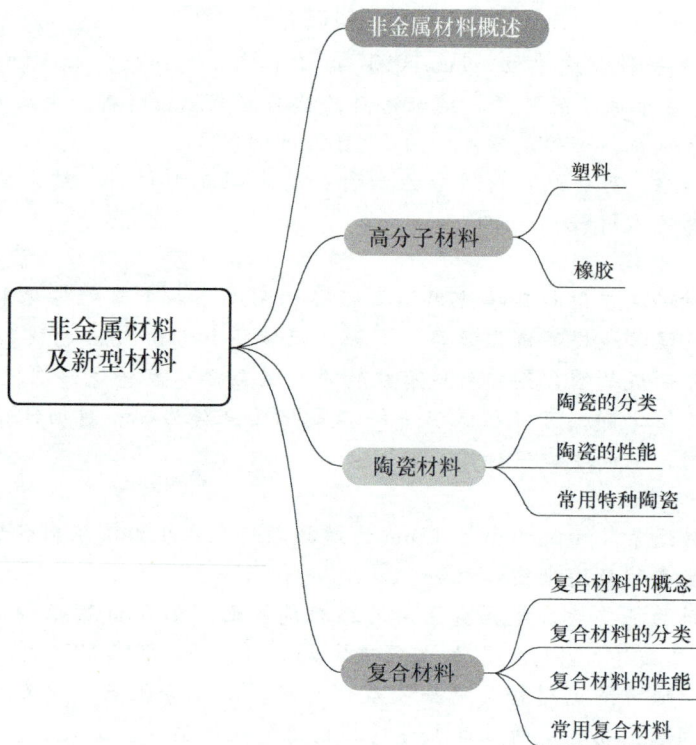

图 6-2　单元 6 思维导图

自 我 测 评

一、选择题

1. 常用的有机玻璃属于_____的一种。

    A. 塑料　　　　　B. 陶瓷　　　　　C. 复合材料　　　　　D. 橡胶

2. 玻璃钢属于_____复合材料。

    A. 颗粒　　　　　B. 层叠　　　　　C. 纤维增强　　　　　D. 骨架

3. 传统陶瓷材料的主要原料有_____。

    A. 树脂　　　　　B. 生胶　　　　　C. 黏土　　　　　D. 金属氧化物

4. PVC（聚氯乙烯）是一种_____塑料。

    A. 通用　　　　　B. 工程　　　　　C. 特种　　　　　D. 热固性

5. 煤气灶电打火装置中的关键材料是一种_____材料。

    A. 塑料   B. 橡胶   C. 陶瓷   D. 复合材料

6. 加工成型方便、具有高的力学性能，但耐热性差、刚性较差的塑料是_____。

    A. 工程塑料   B. 热塑性塑料   C. 通用塑料   D. 热固性塑料

7. 常用在工程技术中作结构材料的塑料是_____。

    A. 工程塑料   B. 热塑性塑料   C. 通用塑料   D. 热固性塑料

二、简答题

1. 什么是高分子材料？

2. 塑料可分为哪几种类型？在性能上各有何特点？

3. 举例说明常用的塑料及其性能特点、应用范围。

4. 什么是橡胶？它具有哪些性能？常用橡胶的类别有哪些？各有何性能特点？

5. 陶瓷具有哪些性能？一般可分为哪几种类型？

6. 复合材料有何性能？常用的复合材料有哪些？

7. 什么是纳米材料？常分为哪几种类型？各有何性能特点？

单 元 收 获

请结合本单元学习目标和思维导图，归纳本单元各知识点的主要内容。

单元7 机械零件材料的选择

Unit 7

【实例导入】

车辆制动盘需要具备高强度、耐磨损、耐蚀及良好的导热性，因为在制动时会受到高温和高压的影响，材料必须能够在这样的极端条件下保持稳定性能。同时，制动盘的重量也是一个考虑因素，因为过重的制动盘会增加车辆的惯性负担，影响操控和燃油效率。

在选择材料时，可以考虑使用碳陶瓷复合材料。这种材料结合了碳纤维的高强度和轻质特性，以及陶瓷材料的耐磨损和高温性能。碳陶瓷制动盘既具有优异的制动性能，又能够降低车辆的整体重量，提升操控性和燃油经济性。车辆制动盘结构示意图如图7-1所示。

通过实例可以看出，在选择机械零件材料时，需要综合考虑多种因素，并根据具体应用需求选择最合适的材料，以确保最终产品具备优异的性能和可靠性。

本单元主要介绍机械零件材料选择的一般原则和基本方法。

图 7-1　车辆制动盘结构示意图

【学习目标】

1. 掌握机械零件失效的类型。
2. 了解机械零件材料选择的一般原则。
3. 通过典型零件选材实例，初步掌握零件选择材料的基本方法。

模块 1　机械零件的失效

一、失效的概念及特征

任何机械零件都有其特定的功能，如实现规定的机械运动、传递力和能量等。产品在使用过程中失去原设计所规定的功能，称为失效。零件失效是指机械零件在使用过程中由于尺寸、形状或材料的组织与性能发生变化而引起的不能实现指定功能的现象。

失效常见的特征为：零件完全破坏，已不能正常工作；零件工作不能达到设计的功效；零件已严重损伤，继续工作不安全。

二、失效的类型

1. 断裂失效

零件最严重的失效形式是因零件承载过大或因疲劳损伤等发生破断。断裂方式有塑性断裂、脆性断裂、疲劳断裂、蠕变断裂（断口分析）。例如压缩机带轮断裂，在交变载荷下工作的轴、齿轮、弹簧等的断裂。

2. 过量变形失效

零件变形量超过允许范围而造成的失效，称为过量变形失效，主要有过量弹性变形失效和过量塑性变形失效。例如高温下工作时，螺栓发生松脱。

3. 表面损伤失效

零件表面及附近的材料发生尺寸变化和表面破坏引起的失效，称为表面损伤失效，主要有表面磨损失效、表面腐蚀失效、表面疲劳失效。

4. 裂纹失效

零件内外的微裂纹在外力作用下扩展，造成零件断裂的现象，称为裂纹失效，主要是由材料选取不当、工艺制订不合理而造成的。例如锻件中的裂纹，往往是因为钢中含硫量较高、混入铜等低熔点金属及夹杂物含量过多，造成晶界强度被削弱；锻后冷却过快，未及时进行退火处理，多容易产生表面裂纹。

三、失效的原因

1. 设计不合理

最常见的失效是结构或形状设计不合理，使得零件在高应力处存在机械缺口，造成应力集中。例如机械构件的尖角、倒角及键槽等处，由于过渡圆弧过小及轴颈尺寸突变，容易产生应力集中。对零件在工作中所承受的载荷类型和大小判断错误，则是设计上造成零件失效的另一个原因。

2. 选材不合理

许多机械零件的失效是由于材料不良引起的，选材不当或材料本身的缺陷是材料不良导致零件失效的两个主要原因。设计时，一般以材料的强度极限和屈服极限等常规性能指标为依据，而这些指标有时根本不是实际生产中防止某些形状复杂零件失效的适当判据，或所选材料的性能数据值不符合要求，从而导致选材错误。另外，材料中的偏析、分层、夹杂物、疏松、缩孔、白点、粗晶、严重的带状组织、流线分布不合理，以及疤痕、夹层、折叠等都可能降低材料的总强度，起到缺口作用，导致应力集中而形成裂纹并扩展，最终导致零件失效。

3. 加工工艺不当

机械零件在加工制造过程中，加工工艺制订不恰当及操作者的失误或意外损伤都有可能造成零件失效。例如，冷加工不当可造成过高的残余应力、过深的刀痕及磨削裂纹等。

4. 安装使用不正确

安装时配合过松或过紧，对中不准；使用中不按工艺规程操作和维修，保养不善或过载使用等，也会造成零件失效。

模块2　机械零件材料选择的一般原则

一、使用性能的考虑

材料的使用性能是选材的重要依据，常将力学性能作为保证和评价使用性能的主要方面。不同零件所要求的使用性能是不同的，即使是同一零件，有时不同部位所要求的性能也不相同。因此，选材之前要分析零件的工作条件、失效形式。典型零件的工作条件、失效形式及主要力学性能指标见表7-1。

表7-1　典型零件的工作条件、失效形式及主要力学性能指标

典型零件	工作条件			失效形式	主要力学性能指标
	应力种类	载荷性质	受载状态		
重要螺栓	承受交变拉应力	静载	—	过量塑性变形、疲劳断裂	$R_{p0.2}$、HBW、σ_{-1p}、A
重要传动齿轮	承受交变弯曲应力、交变接触压应力	循环，冲击	摩擦，振动	齿面过度磨损、轮齿折断、接触疲劳（麻点）、疲劳断裂	σ_{-1}、σ_{bb}、HRC、接触疲劳强度、K
曲轴	承受交变弯曲应力、扭转应力	循环，冲击	轴颈摩擦，振动	颈部摩擦、过度磨损、疲劳断裂	$R_{p0.2}$、σ_{-1}、HRC、A
弹簧	承受交变压应力、扭转应力、弯曲应力	交变，冲击	振动	弹性丧失、疲劳断裂	R_e/R_m、σ_e、σ_{-1p}
滚动轴承	点线接触下的交变压应力	交变	滚动摩擦	过度磨损、疲劳断裂	σ_{bc}、σ_{-1}、HRC
冷作模具	复杂应力	交变，冲击	强烈摩擦	磨损、脆断	HRC、$R_{p0.2}$、K

注：σ_{-1p}为抗压或对称拉伸时的疲劳强度；σ_{-1}为光滑试样对称弯曲时的疲劳强度；σ_{bb}为抗弯强度；σ_e为弹性极限；σ_{bc}为抗压强度。

二、工艺性能的考虑

（1）锻造性　锻造该材料的难易程度。影响因素主要是材料的化学成分、内部组织结构及变形条件。例如低碳钢、高碳钢、合金钢有不同的锻造性。

（2）焊接性　一定的焊接工艺条件下材料获得优质焊接接头的难易程度。例如低碳钢的焊接性好，中碳钢、高碳钢、低合金钢、中合金钢、高合金钢的焊接较差。

（3）切削加工性　由材料切削加工的难易程度决定，一般用切削抗力大小、刀具磨损程度、切屑排除的难易及加工出的零件表面质量来综合衡量。易切削钢、中碳钢、一般有色金属的切削加工性好，而高强度钢、耐热钢、不锈钢的切削加工性较差。

（4）热处理性能　材料对热处理加工的适应性能。一般指材料的淬透性、淬硬性、氧化和脱碳倾向、变形开裂倾向、过热过烧倾向、回火。

（5）粘接固化性　材料在成形过程中各组分之间的粘接固化倾向，多用于高分子材料、陶瓷材料、复合材料及粉末冶金材料。

三、经济性的考虑

选材的经济性原则是指在满足使用性能要求的前提下，采用便宜的材料，使零件的总成本（包括材料的价格、加工费、试验研究费、维修管理费等）达到最低，以取得最大的经济效益。为此，材料选用应充分利用资源优势，尽可能采用标准化、通用化的材料，以降低原材料成本，减少运输、实验研究费用。选用一般碳钢和铸铁能满足要求的，就不应选用合金钢。在满足使用性能要求的条件下，可以铁代钢，以铸代锻，以焊代锻，以碳钢代替合金钢，以低合金钢代替高合金钢，以工程塑料代替钢和铁，有效地降低材料成本、简化加工工艺。例如用球墨铸铁代替锻钢制造中、低速柴油机曲轴、铣床主轴，其经济效益非常显著。对于要求表面性能高的零部件，可选用低廉的钢种进行表面强化处理来达到要求。

当然选材的经济性原则并不仅是指选择价格最便宜的材料，或是生产成本最低的产品，而是指运用价值分析、成本分析等方法，综合考虑材料对产品功能和成本的影响，从而获得最优化的技术效果和经济效益。例如，一些能影响整体生产装置的关键零部件，如果选用便宜材料制造，则需经常更换，换件时停机所造成的损失可能大得多，这时选用性能好、价格高的材料，其总成本仍可能是最低的。

常用材料的相对价格见表7-2。

表 7-2　常用材料的相对价格（灰铸铁为 1）

材料	种类和规格	相对价格
铸件	灰铸铁铸件	1
	碳钢铸件	2
	铝合金、铜合金铸件	6.5~10.0
热轧圆钢	低碳钢($\phi32\sim\phi45$mm)	1
	优质碳钢($\phi30\sim\phi50$mm)	1.3~1.7
	合金结构钢($\phi30\sim\phi50$mm)	1.3~3.0
	弹簧钢($\phi30\sim\phi50$mm)	2.7
	轴承钢($\phi30\sim\phi50$mm)	1.8~2.33
	合金工具钢($\phi30\sim\phi50$mm)	2.7~2.8
	不锈钢($\phi30\sim\phi50$mm)	3~4

模块3　典型零件选材实例

在实际工程设计中，选择合适的材料对于零件的性能和可靠性至关重要。本模块将通过以下零件的选材实例，介绍选材过程和考虑因素。

实例1：齿轮类零件的选材与工艺分析

对于齿轮类零件，选材与工艺分析需要考虑到以下几个方面。

1. 材料选取

1）齿轮传动应力特点：齿轮在传动过程中承受较大的压力和转矩，因此选材时要考虑材料的强度和耐磨性。

2）常用材料：一般常见的齿轮材料包括优质碳素结构钢、合金钢、不锈钢等。具体选择应根据工作环境、负载情况、使用寿命要求等因素综合考虑。

3）硬度要求：齿轮工作表面需要一定的硬度保证耐磨性，可通过热处理或表面处理提高硬度。

2. 热处理方法

对于要求较高的齿轮，常需要进行表面热处理，以提高轮齿表面的硬度和耐磨性。材料为低碳钢或低碳合金钢时，采用渗碳、淬火及低温回火；材料为中碳钢或中碳合金钢时，采用调质、表面淬火及低温回火。

综上所述，对于齿轮类零件的选材与工艺分析，需要综合考虑材料的强度、硬度、耐磨性等特性，以及加工工艺、热处理和表面处理等因素，确保零件满足设计要求并具有良好的性能和可靠性。

实例2：汽车发动机缸体的选材与工艺分析

1. 零件描述

汽车发动机缸体是发动机的重要组成部分，用于容纳气缸和气缸盖，并承受高温高压工作环境下的气体压力和机械载荷。

2. 选材过程

（1）材料需求　缸体需要具备高强度、耐磨损、耐高温、优异的导热性和密封性能。

（2）候选材料　铸铁、铝合金、镁合金、复合材料等。

（3）材料评估因素

1）强度和刚度：考虑发动机工作时的受力情况，需选择具有足够强度和刚度的材料。

2）耐磨损：发动机工作条件下会产生摩擦和磨损，需要选择耐磨损的材料。

3）耐高温：缸体在高温环境下工作，材料需要具备良好的高温稳定性。

4）导热性：发动机工作时产生大量热量，需选择导热性良好的材料，以利于散热。

5）密封性能：缸体与气缸盖之间需要良好的密封性能，以防止气体泄漏。

3. 选材结果

经过综合考虑和评估，选择铝合金作为发动机缸体的材料。铝合金具有以下优点：

1）强度和刚度：铝合金具有较高的强度和刚度，能够满足发动机工作时的受力要求。

2）耐磨损：铝合金经过表面处理可提高耐磨损性能，延长零件使用寿命。

3）耐高温：铝合金具有良好的高温稳定性，能够在发动机工作温度下保持稳定性能。

4）导热性：铝合金具有良好的导热性，有助于散热，保持发动机的正常工作温度。

5）加工性：铝合金易于加工成形，能够满足复杂零件的制造要求。

通过典型零件选材实例，我们了解到选材过程需要综合考虑零件的使用条件、性能需求及材料的特性，以确保选择的材料能够满足零件的功能要求，并在实际工作中保持稳定性能。

视野拓展

汽车轮毂材料的发展现状及制备工艺

1. 汽车轮毂材料的发展现状

汽车轮毂作为车辆的重要组成部分，其材料的选取对汽车的性能、安全性、寿命及成本都有着深远的影响。随着科技的进步，汽车轮毂材料也在不断发展和优化。目前，主要的汽车轮毂材料包括铝合金、镁合金、钛合金以及复合材料等。

1）铝合金：铝合金是目前应用最广泛的汽车轮毂材料，其优点在于重量轻、强度高、耐腐蚀，且具有良好的散热性能。铝合金轮毂的设计灵活，可以满足各种外观和性能需求。

2）镁合金：镁合金具有比铝合金更高的比强度和比刚度，且具有更好的导热性。然而，镁合金的耐蚀性较差，且成本较高，这限制了它在汽车轮毂领域的应用。

3）钛合金：钛合金具有极高的强度和耐蚀性，能够承受高温和高应力。然而，钛合金的加工难度大，成本高，限制了它在汽车轮毂领域的应用。

4）复合材料：复合材料，如碳纤维增强塑料（CFRP），在汽车轮毂领域的应用逐渐增多。复合材料轮毂具有重量轻、强度高、抗疲劳性能好等优点，但制造成本高，且设计难度大。

2. 汽车轮毂的制备工艺

1）铸造工艺：铸造工艺是制造铝合金轮毂的主要方法。铸造工艺主要包括重力铸造、低压铸造和高压铸造等。铸造工艺可以制造出形状复杂的轮毂，但可能存在气孔、杂质等缺陷。

2）锻造工艺：锻造工艺主要用于制造镁合金和钛合金轮毂。锻造工艺制造出的轮毂强度高、性能优良，但设备投入大、成本较高。

3）切割工艺：对于复合材料轮毂，通常采用切割工艺。首先将复合材料板材切割成所需的形状，然后进行必要的加工和修饰。

4）3D打印技术：3D打印技术作为一种新型的制造技术，在汽车轮毂制造领域也开始得到应用。3D打印技术可以制造出形状更为复杂的轮毂，且无需模具，降低了制造成本。

随着科技的发展和环保要求的提高，汽车轮毂材料正朝着更轻量化、高强度、环保的方向发展。未来，新型的汽车轮毂材料和制备工艺将不断涌现，为汽车工业的发展注入新的活力。

单 元 小 结

机械零件的失效主要分为断裂失效、过量变形失效、表面损伤失效、裂纹失效。在进行机械零件材料选择时，应遵循以下步骤：分析零部件的工作条件，确定力学性能；将零件的力学性能要求要转化为对材料性能指标的确定；材料的预选。选材的同时要保证零件的工艺性能和考虑性价比。单元 7 思维导图如图 7-2 所示。

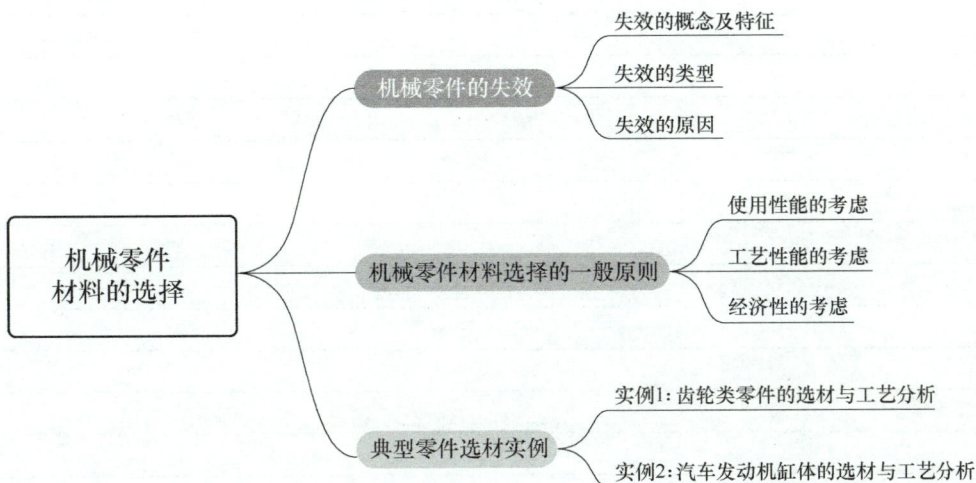

图 7-2　单元 7 思维导图

自 我 测 评

一、填空题

1. 机械零件最常见的失效形式有_____、_____。
2. 表面损伤失效主要有_____、_____、_____等形式。
3. 根据力学性能选材的步骤有_____、_____、_____。
4. 机械零件材料选择的一般原则有_____、_____、_____。

二、简答题

1. 选择材料的一般原则有哪些？简述它们之间联系。
2. 什么是零件的失效？一般机械零件的失效方式有哪几种？

单 元 收 获

请结合本单元学习目标和思维导图，归纳本单元各知识点的主要内容。

零件毛坯成形概述

【实例导入】

在制造零件时，选择合适的毛坯制造工艺对于最终产品的质量、成本和效率都有着重要影响。本单元将通过铸造、焊接和锻压三种不同的制造工艺，介绍零件毛坯的选用，并以实例进行拓展。

以汽车曲轴（图8-1）为例，曲轴毛坯通常采用锻造或铸造。铸造适用于生产大型、复杂形状的零件，锻压则适用于需要提高零件强度和密度的情况，而焊接则用于连接多个零件，实现整体结构的组装。综合考虑零件的形状、尺寸、材料和制造要求，选择合适的制造工艺能够最大限度地满足零件的功能和性能要求，提高生产率和产品质量。

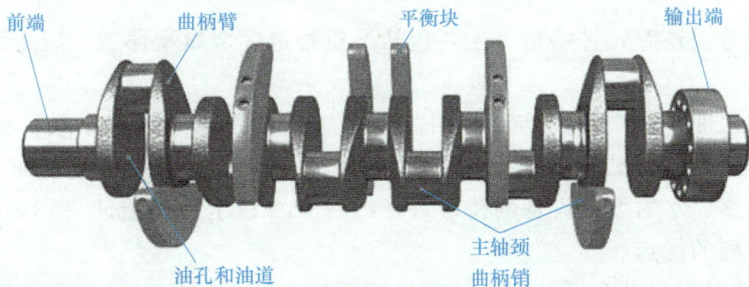

图 8-1　汽车曲轴

【学习目标】

1. 了解铸造的特点及应用，了解砂型铸造、特种铸造的概念及特点。
2. 了解焊接的特点及应用，了解焊条电弧焊、埋弧焊、气体保护电弧焊、电阻焊、等离子弧焊、钎焊的特点。
3. 了解锻压的特点及应用，了解自由锻、模锻、板料冲压的概念及特点。

模块1　铸造成形简介

铸造是机械制造中常用的生产毛坯的热加工方法。它是将液态金属浇注到具有与零件形状相适应的铸型中，凝固后获得毛坯或零件的方法。用铸造方法生产的毛坯与零件统称为铸件。

一、概述

在铸造生产的各种方法中，最基本的方法是砂型铸造，采用砂型铸造生产的铸件约占铸件总量的90%。砂型铸造的主要工序为制造模样、芯盒，制备造型材料，造型，造芯，烘干，合箱，熔化与浇注，铸件的清理和检验。图8-2所示为齿轮毛坯的砂型铸造简图。

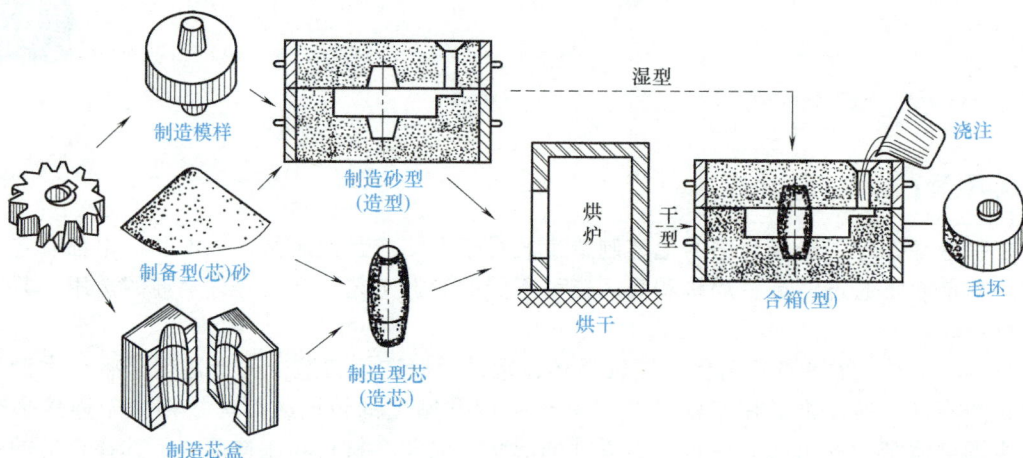

图 8-2　齿轮毛坯的砂型铸造简图

除了砂型铸造，还有特种铸造，主要包括熔模铸造、金属型铸造、压力铸造、离心铸造及壳型铸造等。

铸造生产在工业生产中得到广泛应用。以重量计算，铸件约占一般机械重量的45% ~ 90%，占切削机床重量的80%，占汽车重量的40% ~ 60%，占拖拉机重量的70% ~ 80%，重型机械、矿山机械、水力发电设备的铸件重量约占85%以上。铸造能得到如此广泛的应用，是因它具有一系列的优点。

1）能够制造各种尺寸和形状复杂的零件或毛坯，铸件的轮廓尺寸可小至几毫米，大至几十米，重量可小至几克，大至数百吨。铸件的形状有最简单的平板、圆柱体等，也有内腔复杂的箱体，如气缸体等。

2）铸件与机器零件的形状和尺寸都可以做到最为接近（尤其是精密铸造），因而切削加工余量可以减到最小，从而减少了金属材料的消耗量和节约了加工工时。

3）适应性强。可以铸造各种合金（铜合金、铝合金、镁合金、铸钢和铸铁等），对于脆性金属，如铸铁等，铸造是唯一的毛坯制造方法。铸造既适于单件小批量生产，又适于大批大量生产。

4）设备投资少，铸件的成本较低，而且原材料来源广泛，价格低廉。金属废料（浇冒口、废铸件）可以再次直接熔化使用，此外，在大多数情况下，无须进行巨大的生产准备工作，生产周期短。

但铸件生产目前还存在着不少问题，如用同种金属材料制成的零件，铸件的力学性能不如锻件高，这主要是因为铸件内部晶粒粗大，常有缩松、气孔等；铸件质量不够稳定，废品率往往比其他加工方法高。此外，在砂型铸造中，铸件表面质量不高，工人劳动强度大，劳动条件差等。随着现代铸造技术的发展，这些缺点将会逐步克服。

二、砂型铸造简介

1. 造型材料

制作铸型与型芯的材料分别称为型砂或芯砂，又统称为造型材料，一般来说，生产 1t 铸件就需要 4~5t 型砂。

原砂多为天然的石英砂（以 SiO_2 为主，另含少量矿物杂质），黏结剂一般为黏土，还有水玻璃、树脂等。混合后的型砂结构如图 8-3 所示。黏土吸水后形成黏土膜，均匀裹在砂粒表面并将各砂粒粘起来，而在砂粒之间形成的空隙可以透气。

造型材料的性能优劣直接影响铸件的质量和成本。因此生产中应严格地控制型砂的成分和性能，防止产生砂眼、夹砂、气孔、裂纹等缺陷。

2. 各种造型方法的特点和应用

（1）各种手工造型方法的特点和应用　将型砂塑造成砂型的过程称为造型。造型可用手工和机器进行，两者的主要区别是生产率和铸型的尺寸精度有差异，但就其造型工艺而言，无本质的差别。

手工造型时，紧砂和起模是手工完成的，操作灵活，适应性强，模型成本低，生产准备时间短，但铸件质量较差，生产率低且劳动强度大，因此主要用于单件、小批生产。

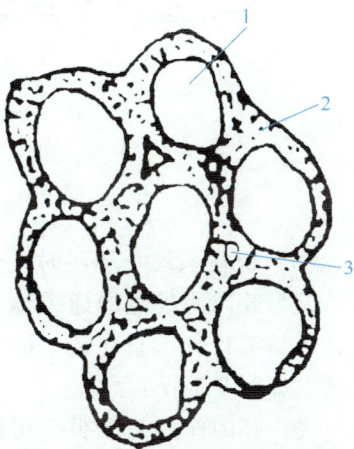

图 8-3　型砂结构示意图
1—砂粒　2—黏土膜　3—空隙

手工造型方法按砂箱特征区分有两箱造型、三箱造型、地坑造型、脱箱造型；按模样特征区分有整模造型、分模造型、挖砂造型、假箱造型、活块造型、刮板造型。

（2）机器造型及其工艺过程　在成批、大量生产时，应采用机器造型，就是将造型过程中的两道基本工序——紧砂和起模——机械化，大大提高劳动生产率，提高铸件的精度和表面质量，改善劳动条件。

（3）工艺特点　机器造型是采用模板进行两箱造型的。模板是将模样、浇注系统沿分型面与底板连接成一整体的专用模具，造型后底板形成分型面，模样形成铸型型腔。机器造型时，多是由专门造上箱及专门造下箱的两台机器配对生产，因此机器造型通常只允许两箱造型。

用机器造型的零件只能有一个分型面，即只能用两箱造型，同时还要求尽量少用或不用活块，因为取出活块费时，因此，对于形状上需要采用三箱造型和活块造型的零件，当进行机器造型时，就必须用下型芯的方法将三箱变为两箱，或用型芯代替活块。因此，在设计大批量生产的铸件及确定其造型工艺时，需考虑机器造型的工艺要求。

（4）造型（生产）线　大批量生产时，为充分发挥造型机的生产率，一般采用各种铸型输送装置，将造型机和铸造工艺过程中各种辅助设备（如翻箱机、落箱机、合箱机和捅箱机等）连接起来，组成机械化或自动化的造型系统，称为造型线，如图 8-4 所示。

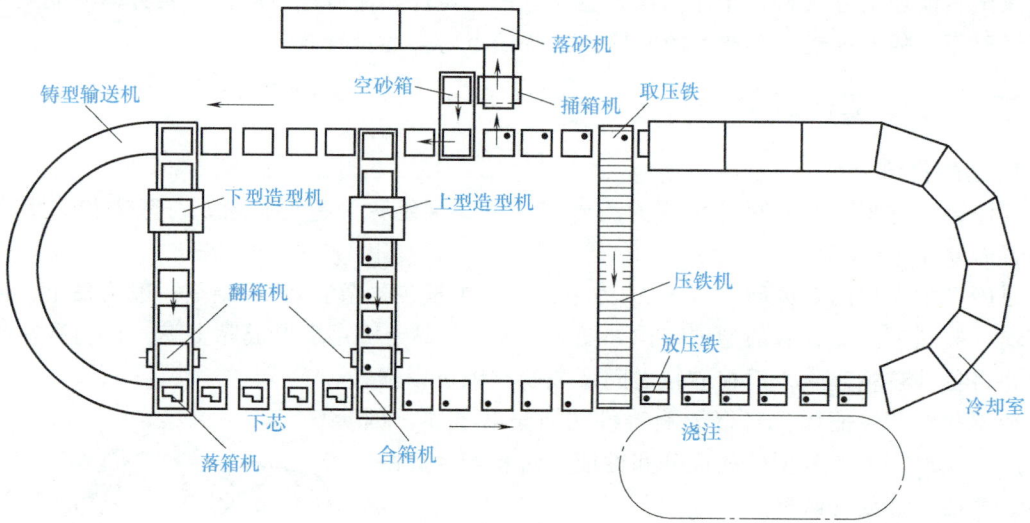

图 8-4　机器造型生产线平面图

（5）浇注系统　浇注时，金属液注入铸型型腔内所经过的通道称为浇注系统，包括浇口杯、直浇道、横浇道和内浇道，如图 8-5 所示。

浇口杯的作用是减少金属流对铸型的冲击并能浮渣。直浇道是通过其高度产生的静压力使金属液迅速充满型腔，直浇道的锥度有利于取出浇口棒。横浇道主要起挡渣作用，其截面多为梯形，常做在上砂箱内，位于内浇道之上。内浇道直接和型腔相连，主要作用是控制金属液流入型腔的速度和方向，使之平稳地充满型腔，其截面常为扁平的梯形，在下砂箱的分型面上。

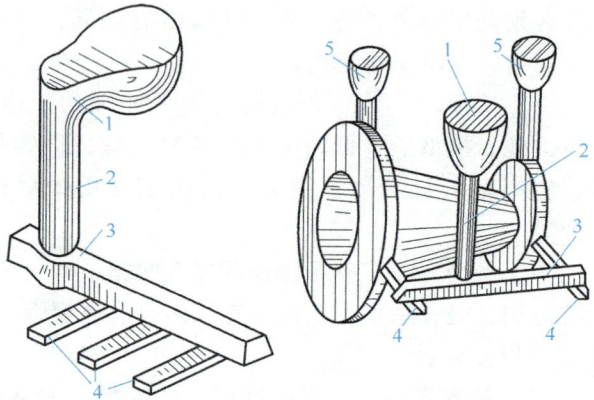

图 8-5　浇注系统示意图
1—浇口杯　2—直浇道　3—横浇道　4—内浇道　5—出气口

为了保证浇注时金属液能平稳连续地注入型腔，并把熔渣等杂质阻挡在型腔以外，一般应使内浇道截面积总和小于横浇道截面积，而横浇道截面积则小于直浇道截面积。

冒口（图 8-5 中的出气口）主要是对铸件最后冷却部位的收缩提供金属液进行补缩，以便使铸件的缩孔集中在冒口内，故冒口尺寸要足够大，此外，冒口还有排气和集渣的作用。

三、特种铸造简介

砂型铸造是铸造生产中使用最广泛的铸造方法，也可根据具体情况采用新工艺、新技术和实现机械化自动化生产来进一步改善劳动条件，降低劳动强度和提高劳动生产率，并且可在一定程度上提高铸件质量。但是，砂型铸造有本身固有的缺点：铸型只能使用一次，要消耗较多造型材料；工序繁多，实现机械化、自动化生产比较困难；砂型铸造中影响质量的因素太多，铸件的尺寸精度、表面粗糙度和内部质量的提高都受到较多的限制。因此，生产中不得不寻求其他铸造方法来满足某些特殊要求，习惯上将那些普通砂型铸造以外的铸造方法统称为特种铸造。

下面仅就几种较为常用的特种铸造方法进行简单介绍。

1. 熔模铸造

熔模铸造是用易熔的蜡料制成的和铸件形状相同的蜡模和浇注系统，在蜡模表面涂挂几层耐火涂料和石英砂，经硬化、干燥后将蜡模加热熔化，排出蜡液，得到一个中空的型壳，即获得无分型面的整体铸型，最后进行浇注，故熔模铸造又称为失蜡铸造。

2. 金属型铸造

在重力作用下将熔融金属浇入金属型以获得铸件的方法，称为金属型铸造。由于金属型可以重复使用几百次甚至几千次，所以又称为永久型铸造。

与砂型铸造相比，金属型铸造的主要优点是实现了"一型多铸"，提高了劳动生产率，且便于实现机械化和自动化。金属型铸造的铸件冷却速度快，铸件的晶粒细密，从而提高了铸件的力学性能，铸件尺寸精度也较高，进而可减少加工余量，节约材料和工时。

金属型铸造的缺点主要在于制造金属型的成本高、周期长，铸造工艺要求严格。由于铸件冷却快，易产生难以切削的白口组织，不宜生产大型、复杂的铸件。故金属型铸造主要适用于大批量生产形状简单的有色金属中小型铸件，如汽车、拖拉机、内燃机的铝活塞、气缸体、缸盖、油泵壳体，以及铜合金轴瓦、轴套等。金属型铸造有时也可用于生产某些铸铁和铸钢件。

3. 压力铸造

压力铸造（简称压铸）是在高压下，快速地将熔融金属压入铸型，并在压力作用下凝固而获得铸件的一种工艺方法。

压力铸造是在专门的压铸机上进行的，它所用的铸型称为压铸型，通常用耐热合金工具钢 3Cr2W8V 制成。压力铸造的生产率最高，每小时可铸几百个铸件。压力铸造精度高，可实现少无切削的加工。此外，由于加压成形，因而可以铸造薄壁、复杂的铸件，并可直接铸出小孔、螺纹、齿轮等，且所得铸件的结晶致密、强度高。但由于金属液的充填速度高，压型内的气体很难排除，所以压铸件内常有小气孔，并常存在于表皮下面，因此压铸件一般不进行切削加工。另外，气孔是在高压下形成的，热处理加热时，因气体膨胀会使铸件表面突起或变形，因此压铸件不能进行热处理，也不能在高温下工作，不适用于高熔点合金，如钢、铸铁等。压铸型结构复杂，设备投资大，成本高。因此，压力铸造广泛用于大批量生产薄壁、复杂的小型有色金属铸件，如铝合金气缸体、缸盖、仪表、化油器等。

4. 离心铸造

离心铸造是将液态金属浇入高速旋转的铸型中，使金属液在离心力作用下填充铸型并凝固成铸件的铸造方法。离心铸造大多用以铸造中空的铸件，通常使用金属型，也可以使用砂型。

离心铸造是在专门的离心铸造机上进行的。铸型在离心铸造机上可绕垂直轴旋转或水平、倾斜轴旋转。

模块 2　焊接成形简介

一、概述

焊接是通过加热或加压（或两者并用），并且用或不用填充材料，使工件达到结合的一种方法。

1. 焊接的分类

焊接方法很多，一般可分为以下三类。

（1）熔焊（熔化焊）　将待焊处的母材金属熔化以形成焊缝的焊接方法。这类焊接一般都需加入填充金属。常用的电弧焊（弧焊）、氧乙炔焊（气焊）均属此类。

（2）压焊　在焊接过程中，必须对焊件施加压力（加热或不加热），以完成焊接的方法。

（3）钎焊　采用比焊件熔点低的钎料和焊件同时加热，使钎料熔化（但焊件并不熔化），利用液态钎料润湿焊件母材，填充接头间隙并与母材相互扩散实现连接焊件的方法。

2. 焊接的特点

焊接的优点：

1）节省材料和工时。用焊接代替铆接，可以节省 15%～20% 的金属材料，不仅降低了金属材料消耗，而且还减轻了自重；同时，可大大降低劳动强度，节约大量工时，提高生产率。

2）接口的强度和严密性高。

3）化大为小，拼小成大，可用小型铸、锻设备来生产大的零件。

4）操作简单，易于实现机械化和自动化。

由于焊接具有以上优点，故其应用十分广泛。焊接的主要缺点是不可拆卸。

二、焊条电弧焊

焊条电弧焊（又称为手工电弧焊）是利用电弧产生的热量来加热和熔化金属进行焊接的一种手工操作焊接方法。由于设备简单，操作方便，是最常用的一种焊接方法。

焊条电弧焊以电弧为热源，其焊接原理如图 8-6 所示。

焊接前，焊条（通过焊钳）和工件分别接到电焊机输出端的两极。焊接时，首先在工件和焊条间引出电弧，电弧同时将工件和焊条熔化，随着电弧沿焊接方向前移，被熔化的金属迅速冷却，凝结成焊缝，从而使两

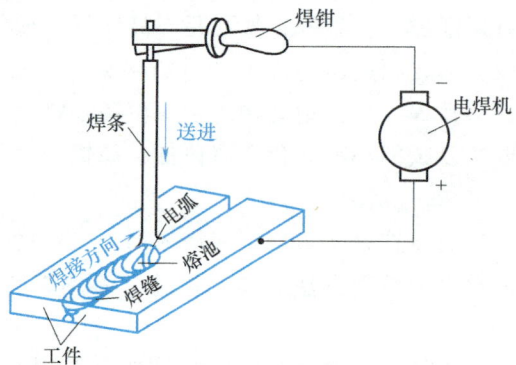

图 8-6　焊条电弧焊原理示意图

工件牢固地连接在一起。

焊条电弧焊的焊接规范主要包括焊条直径和焊接电流。焊接规范选择的合适与否直接影响焊接的质量和工作效率。焊条直径主要根据工件厚度来选择，工件越厚，焊条直径一般应越大。工件较厚时，还要采用多层焊，多层焊的关键是要保证焊缝根部熔透，第一层应选用直径较小的焊条，以后各层可根据工件厚度选用较粗的焊条。焊接电流主要根据焊条直径来选择，一般情况下，焊条直径越大，焊接电流应越大。

三、埋弧焊

电弧在焊剂层下燃烧进行焊接的方法，称为埋弧焊。埋弧焊分埋弧自动焊和埋弧半自动焊两种。因埋弧半自动焊劳动强度大，目前已很少应用。

埋弧自动焊的原理如图 8-7 所示。颗粒状的焊剂由焊剂漏斗流出后，均匀地撒在工（焊）件的接口处，焊丝送进轮驱动焊丝连续送进，在焊丝和焊件之间引燃电弧。电弧产生的热量使工件、焊丝和焊剂同时熔化，并部分被蒸发。金属和焊剂的蒸发气体被一层熔化了的焊剂所包围，形成一个充气的气泡，覆盖在电弧上面，使电弧在气泡内燃烧。在焊丝连续不断地自动送入焊接区的同时自动或手动地沿焊缝移动，从而形成焊缝。熔化了的焊剂浮在焊缝表面形成保护层，不仅很好地隔离了空气，防止空气对焊缝的氧化，而且可以防止弧光辐射。

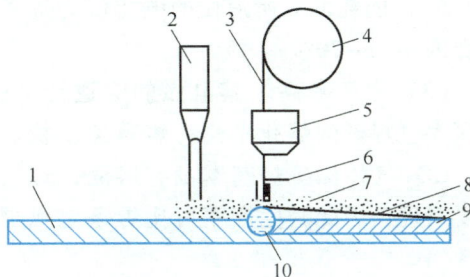

图 8-7　埋弧自动焊原理示意图

1—焊件　2—焊剂漏斗　3—焊丝　4—焊丝盘
5—自动焊机头　6—导电嘴　7—焊剂
8—渣壳　9—焊缝　10—熔池

埋弧焊有如下特点：

1）由于焊丝上没有药皮，因此可采用大的电流密度，从而提高生产率。

2）因电弧在焊剂覆盖下燃烧，其能量损失少，可节约电能。

3）由于焊剂对焊缝的可靠保护，防止了空气的侵入，故焊接质量好。

4）埋弧焊没有焊条接头，厚度在 20~25mm 以下的工件可不开坡口，所以能节约材料和辅助时间。

5）埋弧自动焊可降低劳动强度，改善劳动条件。

6）由于焊接过程中电弧不可见，因而埋弧焊对接头的加工和装配要求较高，焊接短缝、小直径环缝、形状不规则焊缝及处于狭窄位置的焊缝时受到一定限制。同时，埋弧焊时不易及时发现问题，一般只能在平焊位置操作。

埋弧自动焊主要用于焊接中、厚板各种接头形式的直缝、环缝和平面圆缝，也可用于堆焊。可用于低碳钢、低合金钢、不锈钢、铜及其合金的焊接。

四、气体保护电弧焊

采用特殊焊炬不断地输送某种气体，将空气与熔化金属机械地隔开，以保护电极和熔化金属不受空气的有害作用，这样的电弧焊称为气体保护电弧焊，简称气体保护焊。按电极形式，气体保护焊可分为非熔化极和熔化极气体保护焊；按保护气体种类，分为二氧化碳气体保护焊和氩弧焊等。

（一）二氧化碳气体保护焊

二氧化碳气体保护焊是利用 CO_2 作为保护气体的气体保护焊，是一种经济、实用的焊接方法。图 8-8 为 CO_2 气体保护焊示意图，CO_2 气体由气瓶经减压器、流量计等装置从喷嘴流出，焊丝由送丝机构控制，经送丝软管从焊炬头部的导电嘴送出，依靠焊丝与焊件之间产生的电弧熔化金属进行焊接。

1. CO_2 气体保护焊的特点

与其他电弧焊相比，CO_2 气体保护焊有以下优点：

（1）焊接成本低　CO_2 气体及所用焊丝来源广、价格低，因而，保护焊的成本只有埋弧焊和焊条电弧焊的一半左右。

（2）能耗低　所消耗的电能仅为焊条电弧焊的 40%~70%。

（3）生产率高　其电弧的穿透能力强，熔深大且焊丝的熔化率高，熔敷速度快。另外，CO_2 气体保护焊基本没有熔渣，焊后不需要清理，因此其生产率可比焊条电弧焊高 1~3 倍。

（4）适用范围广　无论何种位置、何种厚度均可进行焊接，而且焊接薄板时，比气焊速度快、变形小。

（5）是一种低氢型焊接　焊缝含氢量低、抗锈能力强、抗裂性好。

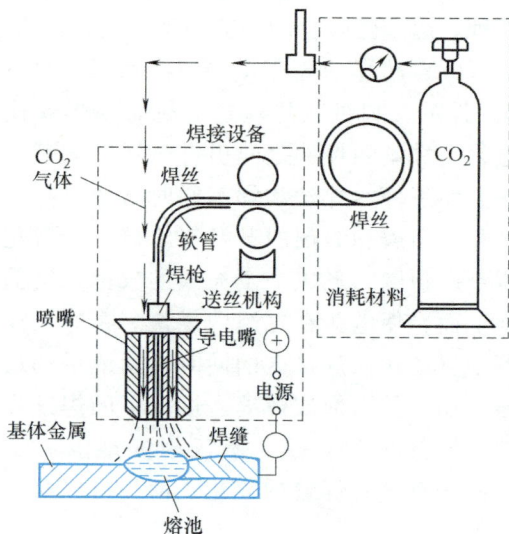

图 8-8　CO_2 气体保护焊的示意图

（6）是一种明弧焊接方法　便于监视和控制，有利于实现焊接过程的机械化和自动化。

CO_2 气体保护焊的主要不足有：

1）焊接过程中，金属飞溅较大，焊缝外形较粗糙。

2）气体在高温下分解后有强烈的氧化作用，必须采用含有脱氧剂的焊丝，且不适于焊接易氧化的金属材料。

3）在焊接过程中，弧光较强，需特别重视操作人员的劳动保护。

4）设备比较复杂，维修需要专业人员。

2. CO_2 气体保护焊的分类及应用

按操作方式，CO_2 气体保护焊可分为自动焊和半自动焊。以半自动焊应用最多，自动焊只用于较长的直线焊缝和规则的曲线焊缝。

按所采用的焊丝直径分类，焊丝直径小于 1.6mm 时，称为细丝焊，适用于焊接厚度小于 3mm 的薄板；焊丝直径大于 1.6mm 时，称为粗丝焊，一般采用大焊接电流和高电弧电压焊接中厚板。

CO_2 气体保护焊常用于低碳钢和低合金钢的焊接。

（二）氩弧焊

氩弧焊是使用氩气作为保护气体的气体保护焊。由于氩气是一种惰性气体，既不与金属发生反应，也不溶于液态金属，所以氩弧焊的保护性能好，焊接质量高，几乎可以用于所有金属的焊接，但通常多用于焊接碳钢（打底焊）、耐热合金钢、低合金钢、不锈钢，以及铝、镁、钛、铜及其合金。常用的氩弧焊有钨极氩弧焊和熔化极氩弧焊，如图8-9所示。

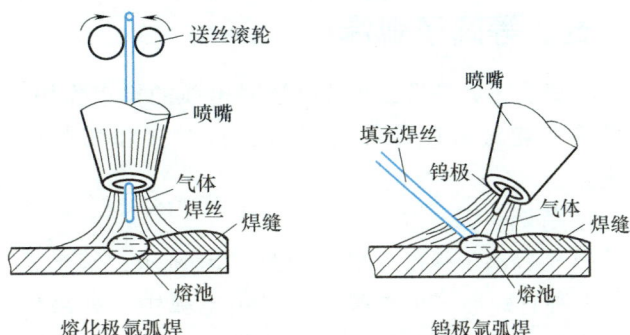

图8-9 氩弧焊示意图

1. 钨极氩弧焊

钨极氩弧焊是一种使用纯钨或钍钨、铈钨作为电极，以氩气（有时也采用氩与氦的混合气体）作保护气体的气体保护焊。其主要特点有：

1）设备简单，操作方便，能进行空间任何位置的焊接，且是一种明弧焊接方法，便于监视和控制，有利于实现焊接过程的机械化和自动化。

2）电弧燃烧过程中，电极不熔化，故易维持恒定的电弧长度，焊接过程稳定，容易得到高质量的焊缝。同时，其飞溅小，焊缝致密，表面无熔渣，成形美观。

3）由于焊接时电弧在气流压缩下燃烧，热量集中，熔池较小，因而焊接速度快，热影响区小，焊后变形小。

4）氩气既不与金属发生反应，也不溶于液态金属，因而被焊金属中的合金元素不会烧损，焊缝不易产生因保护气体而造成的气孔。然而，由于氩气没有脱氧或去氢作用，因此氩弧焊对焊前的除油、去锈、去水等要求严格。

5）由于钨极承载电流的能力有限，电弧功率受到一定限制，所以钨极氩弧焊一般只适于焊接厚度小于6mm的较薄焊件。同时其生产率也较低。

2. 熔化极氩弧焊

使用熔化电极的氩弧焊称为熔化极氩弧焊，其焊丝既是电极又是填充金属。与其他焊接方法相比，熔化极氩弧焊有以下优点：

1）与焊条电弧焊相比，熔化极氩弧焊能连续送丝，省去换焊条时间；焊缝不需要清渣；可采用大的电流密度获得大的熔深，因而生产率高。

2）与CO_2气体保护焊相比，熔化极氩弧焊采用惰性气体作保护气体，保护效果好，几乎可以焊接所有金属，尤其适于焊接铝、铜及其合金。另外，熔化极氩弧焊过程中金属飞溅极少或根本无飞溅。

3）与钨极氩弧焊相比，熔化极氩弧焊用焊丝作电极，可采用大的电流密度，因而焊件熔深大，焊丝熔化快，焊接大厚度铝、铜及其合金时的生产率高，变形小。

熔化极氩弧焊的主要不足是对工件清理要求非常严格；抗风能力差，只能在室内焊接；焊接设备比较复杂，不如焊条电弧焊灵活方便。

熔化极氩弧焊可用于焊接碳钢，低合金钢，不锈钢，耐热钢，铝、镁、铜、钛及其合金。低熔点或低沸点金属如铅、锌、锡等，不宜采用熔化极氩弧焊。熔化极氩弧焊所焊的最薄厚度约1mm，最厚不受限制。

五、等离子弧焊

等离子弧焊是借助水冷喷嘴对电弧的拘束作用，获得较高能量密度的等离子弧进行焊接和切割的方法。

1. 等离子弧

（1）等离子弧的形成　如图 8-10 所示，等离子弧是一种特殊形式的电弧。在自由电弧中，如果用水冷喷嘴对电弧进行约束，使钨极氩弧在离子气压缩下通过水冷喷嘴的孔道燃烧，因其横截面积受到限制，电流密度明显提高，从而使电弧的温度、能量密度和等离子流速度都显著增加，这种利用外部拘束条件压缩强化了的电弧称为等离子弧。等离子弧所用电极主要是铈钨或钍钨电极。

（2）等离子弧的工作气体　等离子弧的工作气

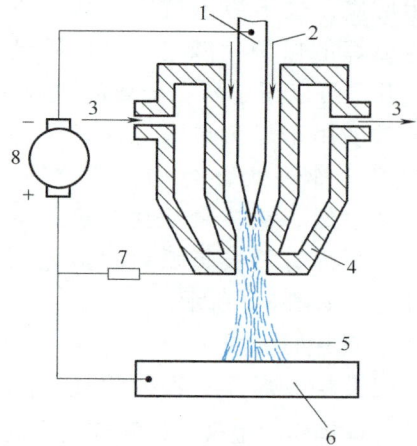

图 8-10　等离子弧的形成示意图

1—钨极　2—离子气　3—冷却水　4—喷嘴
5—等离子弧　6—焊件　7—电阻　8—直流电源

体是离子气，其主要作用是压缩电弧，强迫其通过喷嘴孔道，保护钨极不被氧化等。调节离子气的成分和流量，可以进一步提高和控制等离子弧的温度、能量密度及稳定性。

（3）等离子弧的特点和应用　等离子弧是一种高效热源，其主要特点是温度高、能量密度大，其最高温度可达 24000~50000K。利用这个热源可焊接各种金属，尤其适于高熔点金属及超薄件的焊接。利用等离子弧热源切割不锈钢、耐热钢、铸铁、有色金属，最大切割厚度可达 1m 以上。

在工艺方面，等离子弧焊缝熔深大，热影响区小，适于焊接某些焊接性差的金属材料和双金属材料，且焊接效率高，变形小；用于切割时，可获得窄而直的切口。

2. 等离子弧焊的种类

等离子弧焊是以等离子弧为热源的一种电弧焊方法。按焊接电流的大小，可分为大电流等离子弧焊、中等电流等离子弧焊和微束等离子弧焊等。

大电流等离子弧焊采用较大的焊接电流和较大的等离子气流量，适用于 2~8mm 厚的低碳钢和低合金钢、3~12mm 厚的不锈钢、3~14mm 厚的钛合金、2~6mm 厚的铜合金和镍合金等金属的不开坡口、不加填充焊丝的对接焊缝。厚度较大时，可采用 V 形坡口。

中等电流等离子弧焊是近年来发展起来的一种焊接工艺，多采用手工操作，适用于厚度小于 5mm 的薄板或多层焊缝的覆盖面。

微束等离子弧焊又称为小电流等离子弧焊，是利用小电流焊接，适用于其他焊接方法很难焊接的薄件、超薄件及微细工件的焊接，可焊厚度在 0.025~1.5mm 之间。

六、电阻焊

电阻焊是依靠强电流通过两被焊工件的接触处所产生的电阻热，将该处的金属迅速加热到塑性状态或熔化状态，并在压力作用下把两工件结合起来的焊接方法。因为这种焊接方法的焊接过程中，两工件间的接触起着重要作用，又称为接触焊。如图 8-11 所示，电阻焊按接头的形式可分为对焊（图 8-11a）、点焊（图 8-11b）和缝焊（图 8-11c）三种基本方法。

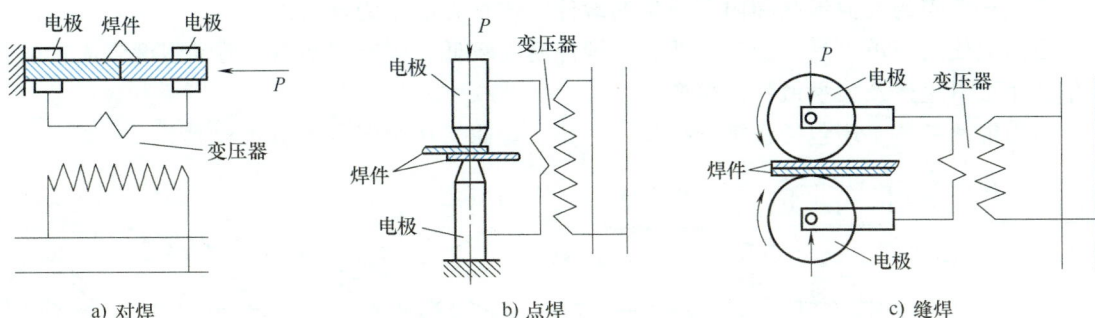

a) 对焊   b) 点焊   c) 缝焊

图 8-11　电阻焊示意图

与电弧焊和气焊相比，电阻焊具有以下优点：生产率高；节约材料，成本较低；操作简单，易于实现机械化和自动化；劳动条件好；焊接变形小等。点焊常用于薄钢板的焊接；缝焊常用于厚度大于 2mm、有密封性要求的薄壁容器的焊接；对焊常用于刀具、型钢、管材等的焊接。

七、钎焊

钎焊是利用比被钎焊金属（也称母材）熔点低的金属材料（称为钎料）作为填充材料和母材一同加热，使钎料熔化后流入填充两母材连接的间隙，冷凝后使母材形成牢固结合的方法。

钎焊时的加热有以下几种方法：①用电烙铁或火焰烙铁加热，称为烙铁钎焊；②用喷灯或气焊枪火焰加热，称为火焰钎焊；③在一般箱式电炉或带有保护气体的电炉中加热，称为炉中钎焊；④用高频电感应加热，称为高频钎焊；⑤在高温熔融的盐浴炉中加热，称为盐浴浸渍钎焊；⑥用电流通过母材时产生的电阻热加热，称为电阻钎焊等。工业生产上用得较为普遍的是用喷灯或气焊枪火焰加热来进行钎焊。

模块3　锻压成形简介

锻压是锻造和冲压的总称，二者都是对坯料施加外力，使其产生塑性变形，改变尺寸、形状并改善性能，以获得毛坯或零件的加工方法。塑性变形是锻压加工的基础。用于锻压的金属应具有良好的塑性，以便在锻压加工时能产生较大的塑性变形而不破坏。常用的金属材料中，钢、铝、铜等塑性良好，可以锻压，铸铁塑性很差，不能锻压。

金属材料经过锻造后，其内部组织更加致密、均匀，强度及冲击韧性都有所提高，所以承受重载及冲击载荷的重要零件，多以锻件为毛坯。冲压件则具有强度大、刚度高、结构轻等优点。锻压加工是机械制造中的重要加工方法。

一、自由锻

只用简单的通用性工具，或在锻造设备的上、下砧间直接对坯料施加外力，使坯料产生变形而获得所需的几何形状和内部质量的锻件,这种方法称为自由锻。

自由锻使用简单工具,操作灵活,但锻件精度较低,生产率不高,劳动强度较大,适合于单件小批量生产及大型锻件的生产。

自由锻的基本工序包括镦粗、拔长、冲孔、弯曲、切割等,如图8-12所示。

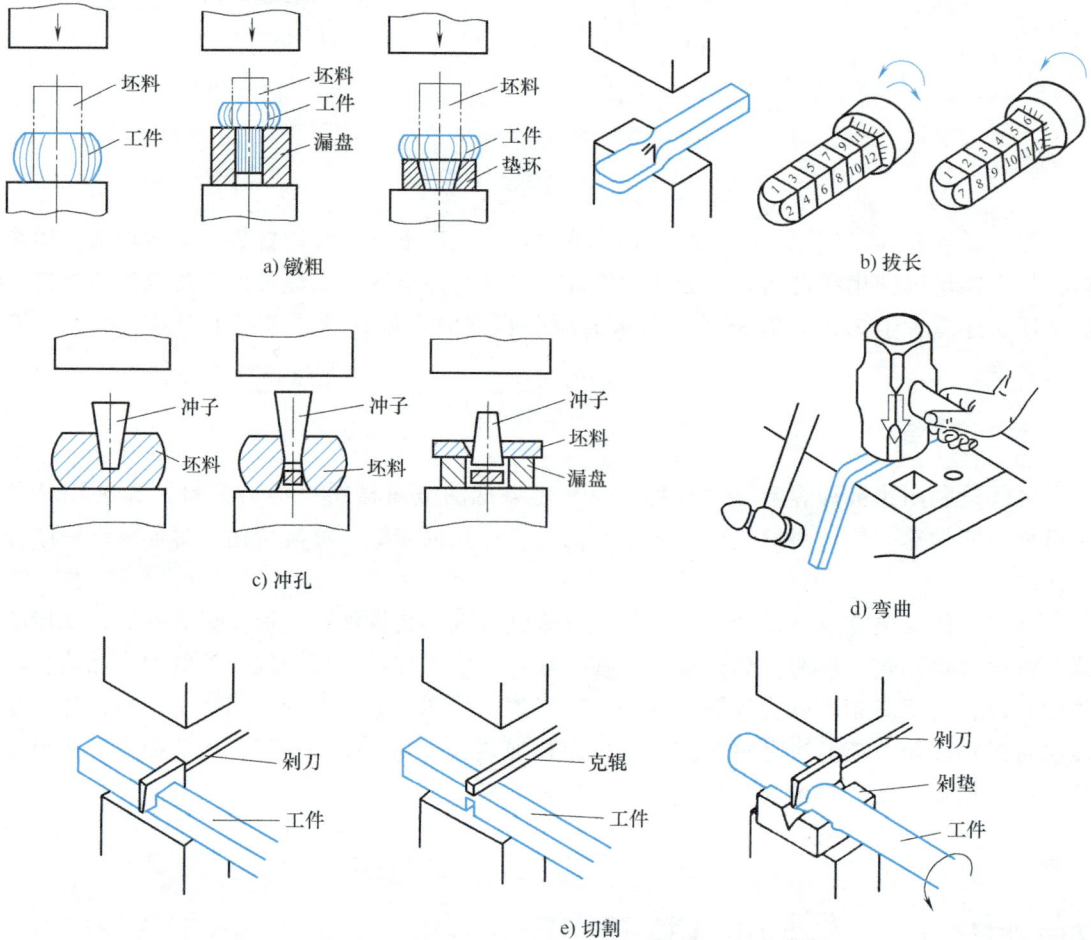

a) 镦粗

b) 拔长

c) 冲孔

d) 弯曲

e) 切割

图 8-12　自由锻基本工序

二、模锻

模锻是将加热至高于材料再结晶温度的金属坯料放在固定于锻造设备上的锻模内锻造成形的方法。模成形有以下优点:①能成形形状较复杂的锻件;②锻件力学性能好;③生产率高,适合于大批量生产;④节省材料,降低了成本;⑤劳动条件得到了改善。

锻模按其结构可分为单模膛锻模和多模膛锻模两类。

1) 单模膛锻模:锻模上仅有一个成形模膛,如图8-13所示。

2) 多模膛锻模:根据作用不同,模膛可分为制坯模膛和模锻模膛两类,如图8-14所示。

制坯模膛是经几次变形将坯料初锻成与锻件截面形状相似的模膛,如拔长模膛、滚压模

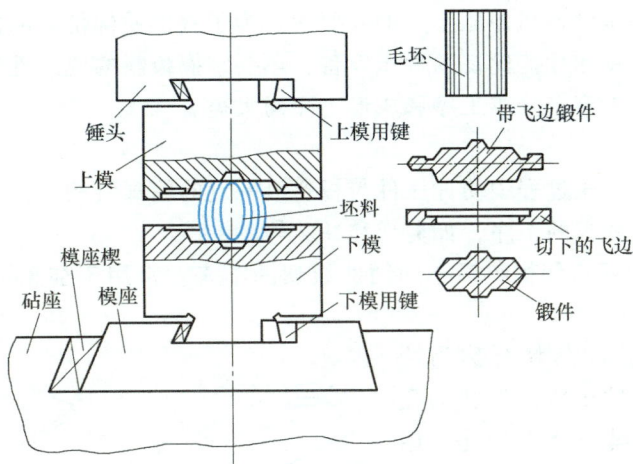

图 8-13　单模膛锻模

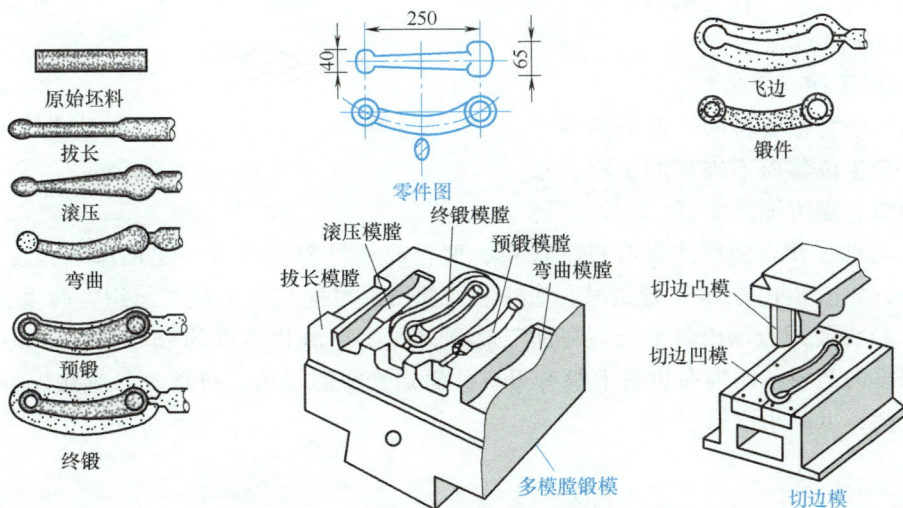

图 8-14　多模膛锻模

膛、弯曲模膛等。模锻模膛是锻件最终成形的模膛，如预锻模膛和终锻模膛等。终锻模膛位于锻模中心，其他模膛分布在其两侧。此外，在实际生产中，通常还配备辅助模，如切边模（切去锻件的飞边）、冲孔模（冲掉孔的连皮）等。

根据所用设备不同，模锻可分为锤上模锻和压力机上模锻。

一般来说，锤上模锻具有工艺适应性广、设备造价低等优点，但由于锤上模锻依靠冲击力成形，锻件精度不高、劳动条件差、振动和噪声大、效率低，因此，锤上模锻受到一定的限制。压力机上模锻具有振动较小、劳动条件好、易维护、操作简单安全等优点，但生产率比锤上模锻低，燃料和金属消耗多，工作范围受限制，模具寿命低。通常情况下，模锻设备都配有吨位较小的压力机，以完成锻件的冲孔、切边和校正等工艺过程。

三、板料冲压

板料冲压通常是在室温下进行的，所以又称为冷冲压。冲压件一般不需再进行机械加工，适用于大批量生产。

板料、模具和冲压设备是冲压生产的三要素。为了获得质优价廉的冲压件，必须提供优质的板料、先进的模具和性能优良的冲压设备，还要掌握板料的成形性能和变形规律。

板料冲压的基本工序有分离工序和成形工序两大类。

1. 分离工序

分离工序是指在冲压过程中使冲压件与板料沿一定的轮廓线相互分开，且冲压件的分离断面满足一定的质量要求的工序，如剪切和冲裁等。

（1）剪切　用剪板机使板料沿不封闭曲线切断下来。常用于加工形状简单的平板工件或板料的下料。

（2）冲裁　冲孔和落料合称为冲裁。用冲模在板料上冲出所需形状的孔（即冲下的部分为废料）称为冲孔，用冲模在板料上冲下所需形状的零件（即冲下的部分为成品）称为落料。冲孔和落料如图 8-15 所示。

2. 成形工序

成形工序是使板料的一部分相对于另一部分产生位移而不破坏的工序，如弯曲、拉深、翻边等。

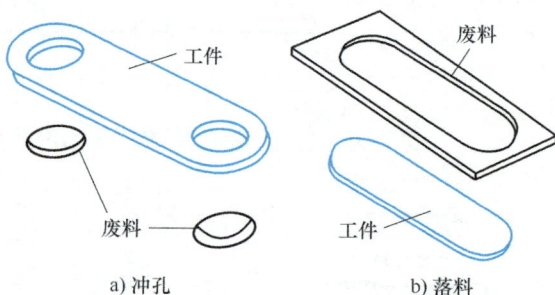

图 8-15　冲孔和落料

（1）弯曲　用弯曲模或折弯机将板料、型材或管材弯成具有一定曲率和角度的制件的成形工序，如图 8-16 所示。弯曲时，应注意弯曲线尽可能与板料纤维组织方向垂直。

（2）拉深　用拉深模将平板坯料加工成开口的中空形状零件的成形工序，如图 8-17 所示。拉深模的凸模和凹模在边缘上没有刃口，而是光滑的圆角。拉深时，应在板料和模具间涂上润滑剂，以减小摩擦。

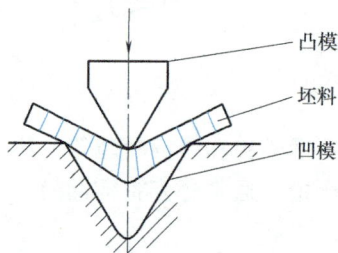

图 8-16　弯曲

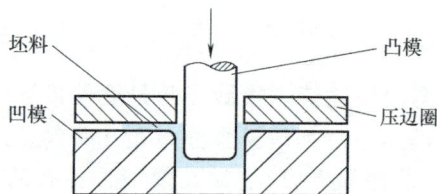

图 8-17　拉深

视野拓展

焊接技术发展现状

焊接技术方面的最新发展主要集中在以下几个方面。

（1）数字化焊接技术　数字化焊接技术包括数字化焊接电源、焊接过程监控和控制系统，以及基于数据分析的焊接质量预测。这些技术利用传感器、实时数据采集和分析算法，实现焊接过程的实时监测和控制，提高焊接质量和效率。

（2）增材制造和3D打印焊接 3D打印技术在焊接领域的应用越来越广泛，包括直接金属沉积、激光熔化沉积等技术。这些技术可以实现复杂形状零件的快速制造和定制化生产，同时也提供了新的材料组合和性能优化的可能性。

（3）智能焊接机器人和自动化系统 智能焊接机器人和自动化系统在焊接生产线上的应用不断增加，通过视觉识别、路径规划和控制算法等技术，实现焊接过程的自动化和智能化，提高生产率和一致性。

（4）绿色焊接技术 绿色焊接技术包括低能耗、低排放的焊接工艺和材料，焊接废料的回收利用等技术。这些技术旨在降低焊接过程对环境的影响，实现可持续发展。

（5）智能焊接材料和涂层 智能焊接材料和涂层具有自修复、自感知等功能，可以提高焊接接头的耐蚀性、抗疲劳性和力学性能，减少焊接后的二次加工和维护成本。

焊接技术的新发展推动着焊接技术向着更高效、更智能、更环保的方向发展，为各行业的生产制造提供了更多的选择和可能性。

单 元 小 结

本单元介绍了铸造的概念及分类，重点介绍了砂型铸造及特种铸造的类型及应用特点；简述了焊接的概念及分类，重点讲解了焊条电弧焊、埋弧焊、气体保护电弧焊、等离子弧焊、电阻焊和钎焊的特点及使用场景；简述了锻压成形的概念及分类，重点介绍了自由锻、模锻及板料冲压技术的特点。单元8思维导图如图8-18所示。

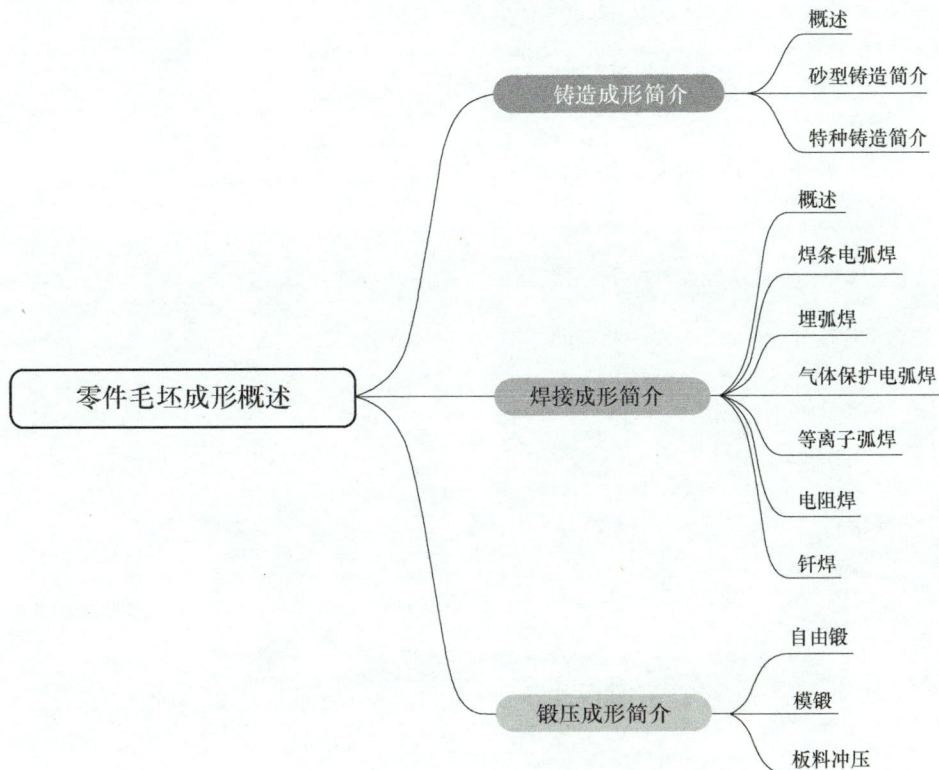

图 8-18 单元 8 思维导图

139

自 我 测 评

一、填空题

1. 特种铸造是除_____外的其他铸造方法的统称，通常有_____。
2. 焊条电弧焊是用_____操纵_____进行焊接的电弧焊方法。
3. 制作铸型与型芯的材料分别称为_____、_____。
4. 焊接方法很多，一般可分为三类：_____、_____、_____。
5. 埋弧焊分_____和_____两种。

二、简答题

1. 什么是铸造？分为哪些种类？简要说明铸造的特点。
2. 砂型铸造的主要工序有哪些？造型材料应具备哪些性能？
3. 板料冲压的基本工序有哪些？各自的应用范围是什么？
4. 自由锻有哪些基本工序？各有何用途？
5. 与铸造相比，锻压在成形原理、工艺方法、特点和应用上有何不同？
6. 什么是焊接？焊接的特点有哪些？
7. 焊接分为哪几类？焊条电弧焊和气焊各属于哪一类？

单 元 收 获

请结合本单元学习目标和思维导图，归纳本单元各知识点的主要内容。

附录
Appendix

附录 A 常用钢材的种类与规格

常用钢材的种类有型钢、钢板、钢管和钢丝等。

1. 型钢

常见的型钢有圆钢、方钢、扁钢、六角钢、八角钢、工字钢、槽钢、角钢等。每种型钢的规格都有一定的表示方法。

圆钢的规格以直径表示，如圆钢 $\phi20mm$。

方钢的规格以"边长×边长"表示，如方钢 20mm×20mm。

扁钢的规格以"边宽×边厚"表示，例如扁钢 20mm×10mm。

工字钢和槽钢的规格以"高×腿宽×腰厚"表示，如工字钢 100mm×68mm×4.5mm，槽钢 200mm×75mm×9mm。

等边角钢的规格以"边宽×边宽×边厚"表示；不等边角钢的规格以"长边宽×短边宽×边厚"表示，如 80mm×50mm×6mm。

2. 钢板

钢板通常分为薄板（厚度≤4mm）、厚板（厚度>4mm）和钢带。厚板经热轧而成，薄板有热轧和冷轧两种。薄板可经热镀锌、电镀锡等处理，制成镀锌薄钢板（俗称白铁皮）和镀锡薄钢板（俗称马口铁）。钢带是厚度较薄、宽度较窄、长度很长的钢板，也分热轧和冷轧两种。

3. 钢管

钢管分为无缝钢管和焊接钢管，断面多为圆形。无缝钢管的规格以"外径×壁厚×长度"表示，若无长度要求，则只标注"外径×壁厚"。

4. 钢丝

钢丝的种类很多，其规格以直径表示。

附录 B 钢铁材料现场鉴别方法

1. 火花鉴别

火花鉴别是将钢铁材料轻轻压在旋转的砂轮上打磨，观察所迸射出的火花形状和颜色，以判断钢铁成分范围的方法。

材料在砂轮上磨削时产生的全部火花称为火花束。在火花束中，由灼热颗粒在空中划出的明亮线条状轨迹称为流线，如图 B-1 所示。流线上火花爆裂的原点称为节点，节点处射出的若干短流线称为芒线，流线或芒线上节点处爆裂的火花称为爆花。通常，爆花可分为一次、二次、三次等，如图 B-2 所示。流线尾部形成的火花称为尾花。

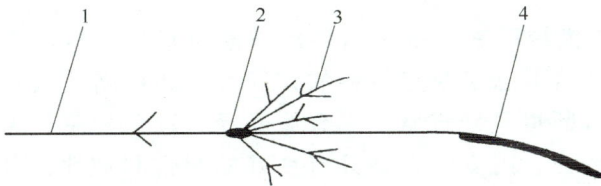

图 B-1　流线

1—流线　2—节点　3—爆花　4—尾花

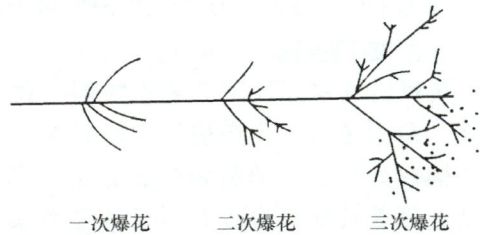

一次爆花　　二次爆花　　三次爆花

图 B-2　爆花的形式

材料不同，其火花也不同，常用钢铁材料的火花特征如下。

（1）碳钢的火花特征　碳钢的含碳量越高，则流线越多，火花束越短，爆花也越多，火花亮度也增加。例如，20 钢的火花束长，颜色为橙黄带红，流线成弧形，芒线多叉，为一次爆花，如图 B-3 所示。45 钢的火花束稍短，颜色为橙黄，流线较细长且多，芒线多叉，爆花较多，为二次爆花，如图 B-4 所示。T12 钢的火花束短粗，颜色暗红，流线细密，碎花，爆花多，为多次爆花，如图 B-5 所示。

（2）铸铁的火花特征　铸铁的火花束短粗，流线较多，下垂成弧形，一般为二次爆花。靠近砂轮的火花呈暗红色，远离砂轮的火花呈赤橙色。图 B-6 所示为 HT200 的火花特征。

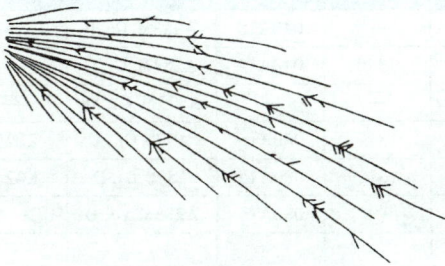

图 B-3　20 钢的火花特征

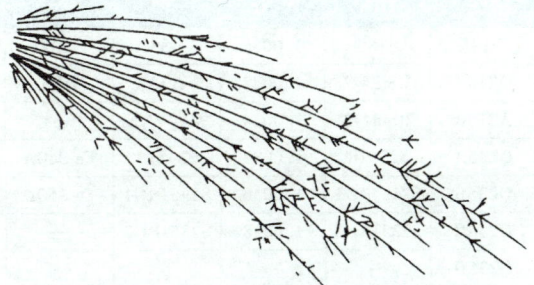

图 B-4　45 钢的火花特征

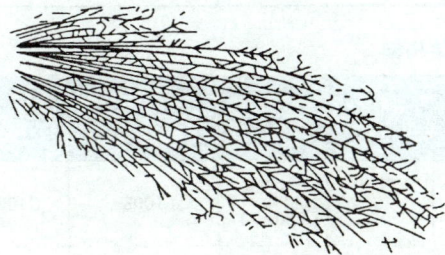

图 B-5　T12 钢的火花特征

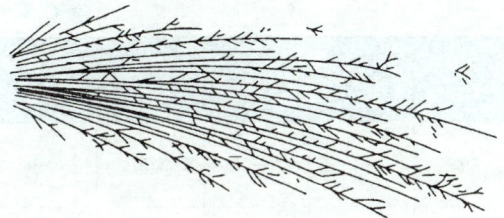

图 B-6　HT200 的火花特征

2. 色标鉴别

生产中为了表明金属材料的牌号、规格等，通常在材料上做一定的标记。常用的标记方法有涂色、打印、挂牌等。金属材料的涂色标志用以表示钢种、钢号，涂在材料一端的端面或外侧。成捆交货的钢应涂在同一端的端面上，盘条则涂在卷的外侧。具体的涂色方法在有关标准中做了详细的规定，生产中可以根据材料的色标对钢铁材料进行鉴别。

3. 断口鉴别

材料或零部件因受某些物理、化学或机械因素的影响而导致破断所形成的自然表面，称为断口。生产现场常根据断口的自然形态来断定材料的韧脆性，亦可据此判定相同热处理状态的材料含碳量的高低。若断口呈纤维状、无金属光泽、颜色发暗、无结晶颗粒且断口边缘有明显的塑性变形特征，则表明钢材具有良好的塑性和韧性，含碳量较低；若材料断口齐平、呈银灰色、具有明显的金属光泽和结晶颗粒，则表明金属材料为脆性断裂，含碳量较高。

4. 音响鉴别

生产现场有时也根据钢铁敲击时的声音，对其进行初步鉴别。例如，铸铁的减振性较好，敲击时声音较低沉，而钢材在敲击时则可发出较清脆的声音。

若要准确地鉴别材料，在以上几种现场鉴别方法的基础上，还应采用化学分析、金相检验、硬度试验等实验室分析手段对材料进行进一步的鉴别。

附录 C　国内外常用钢号对照表

表 C-1　碳素结构钢

中国 GB	德国		法国 NF	国际标准 ISO	日本 JIS	瑞典 SS	英国 BS	美国	
	DIN	W-Nr.						ASTM	UNS
Q195	S185	1.0035	A33	HR2	—	—	040A10	A283M Gr. B	—
Q215A	USt34-2	1.0028	A34	HR1	SS 330	1370	040A12	A283M Gr. C	—
A215B	RSt34-2	1.0034	A34-2NE	—	—	—	—	A573M Gr. 58	—
Q235A	S235JR	1.0037	S235JR	Fe 360A	SS 400	1311	080A15	A570 Gr. A	K02501
Q235B	S235JRG1	1.0036	S235JRG1	Fe 360D	—	1312	080A15	A570 Gr. D	K02502
Q235C	S235JRG2	1.0038	S235JRG2	—	—	—	080A15	A283M Gr. D	—
Q235D	—	—	—	—	—	—	—	—	—
Q275	S275J2G3 S275J2G4	1.0144 1.0145 1.0055	S275J2G3 S275J2G4	Fe 430A	SS 490	1430	S275J2G3 S275J2G4	—	K02901

表 C-2　优质碳素结构钢

中国 GB	德国		法国 NF	国际标准 ISO	日本 JIS	瑞典 SS	英国 BS	美国	
	DIN	W-Nr.						ASTM/AISI	UNS
08	—	—	XC6	—	—	—	040A04 050A04	1008	G10080
10	C10 Ck10	1.0301 1.1121	C10 XC10	—	S10C	1265	040A10 045M10	1010	G10100

（续）

中国 GB	德国		法国 NF	国际标准 ISO	日本 JIS	瑞典 SS	英国 BS	美国	
	DIN	W.-Nr.						ASTM/AISI	UNS
15	C15 Ck15	1.0401 1.1141	C12 XC15	—	S15C	1350 1370	040A15 080M15	1015	G10150
20	C22E Ck22	1.0402 1.1151	C22E XC18	—	S20C	1435	C22E 070M20	1020	G10200
25	C25E Ck25	1.1158	C25E XC25	C25E4	S25C	—	C25E 070M26	1025	G10250
30	C30E Ck30	1.1178	C30E XC32	C30E4	S30C	—	C30E 080M30	1030	G10300
35	C35E Ck35	1.0501 1.1181	C35E XC38	C35E4	S35C	1572	C35E 080M36	1035	G10350
40	C40E Ck40	1.1186	C40E XC42	C40E4	S40C	—	C40E 080M40	1040	G10400
45	C45E Ck45	1.0503 1.1191	C45E XC48	C45E4	S45C	1660	C40E 080M46	1045	G10450
50	C50E Ck53	1.1210	C50E XC50	C50E4	S50C	1674	C50E 080M50	1050	G10500
55	C55E Ck55	1.1214	C55E XC55	C55E4	S55C	1665	C55E 070M55	1055	G10550
60	C60E Ck60	1.0601 1.1221	C60E XC60	C60E4	S58C	1678	C60E 070M60	1060	G10600
65	Ck67	1.1231	XC65	SL,SM	—	1770	060A67	1065	G10650
15Mn	15Mn3	1.0467	12M5	—	SB46	1430	080A15	1016	G10160
20Mn	21Mn4	1.0469	20M5	—	—	1434	080A20	1022	G10220
25Mn	—	—	—	—	—	—	080A25	1026	G10260
30Mn	30Mn4	1.1146	32M5	—	—	—	080A30	1033	G10330
35Mn	36Mn4	1.0561	32M5	—	—	—	080A35	1037	G10370
40Mn	40Mn4	1.1157	40M5	SL,SM	SWRH42B	—	080A40	1039	G10390
45Mn	—	—	45M5	SL,SM	SWRH47B	1672	080A47	1046	G10460
50Mn	—	—	—	SL,SM	SWRH52B	1674	080A52	1053	G10530
60Mn	60Mn3	1.0642	—	SL,SM	S58C SWRH62B	1678	080A62	1062	—

表 C-3　合金结构钢

中国 GB	德国		法国 NF	国际标准 ISO	日本 JIS	瑞典 SS	英国 BS	美国	
	DIN	W.-Nr.						ASTM/AISI	UNS
20Mn2	20Mn5	1.1169	20M5	22Mn6	SMn420	—	150M19	1524	—
30Mn2	30Mn5	1.1165	32M5	28Mn6	SMn433	—	150M28	1330	G13300
35Mn2	36Mn5	1.1167	35M5	36Mn6	SMn438	2120	150M36	1335	G13350

（续）

中国 GB	德国		法国 NF	国际标准 ISO	日本 JIS	瑞典 SS	英国 BS	美国	
	DIN	W-Nr.						ASTM/AISI	UNS
40Mn2	—	—	40M5	42Mn6	SMn443	—	—	1340	G13400
45Mn2	46Mn7	1.0912	45M5	—	SMn443	—	—	1345	G13450
50Mn2	50Mn7	1.0913	55M5	—	—	—	—	1552	—
20MnV	20MnV6	1.5217	—	—	—	—	—	—	—
35SiMn	37MnSi5	1.5122	38MS5	—	—	—	En46S	—	—
42SiMn	46MnSi4	1.5121	41S7	—	—	—	—	—	—
40B	—	—	—	—	—	—	170H41	—	—
45B	—	—	—	—	—	—	—	—	—
40MnB	—	—	38MB5	—	—	—	185H40	—	—
15Cr	15Cr3	1.7015	12C3	—	SCr415	15X	523A14 523M15	5115	G51150
20Cr	20Cr4	1.7031	18C3	20Cr4	SCr420	—	527A20	5120	G51200
30Cr	28Cr4	1.7033	32C4	—	SCr430	—	530A30	5130	G51300
35Cr	34Cr4	1.7034	38C4	34Cr4	SCr435	—	530A36	5135	G51350
40Cr	41Cr4	1.7035	42C4	41Cr4	SCr440	2245	530A40 530M40	5140	G51400
45Cr	—	—	45C4	—	SCr445	—	—	5145	G51450
50Cr	—	—	50C4	—	SCr445	—	—	5150	G51500
12CrMo	13CrMo44	1.7335	12CD4	—	—	2216	1501-620	—	—
12CrMoV						—	Cr27	—	—
20CrMo	20CrMo5	1.7264	18CD4	18CrMo4	SCM420		CDS12	4120	G41200
30CrMo	—	—	30CD4	—	SCM430	—	—	4130	G41300
35CrMo	34CrMo4	1.7220	35CD4	34CrMo4	SCM435	2234	708A37	4135	G41350
35CrMoV	—	—	—	—	—	—	CDS13	—	—
42CrMo	42CrMo4	1.7225	42CD4	42CrMo4	SCM440	2244	708M40	4140	C41400
38CrMoAl	41CrAlMo7	1.8509	40CAD 6.12	41Cr AlMo74	SACM645	2940	905M39	—	—
50CrV	51CrV4 (50CrV4)	1.8159	50CV4	13	SUP10	2230	735A50	6150	G61500
15CrMn	16MnCr5	1.7131	16MC5	—	—	2511	—	5115	G51150
20CrMn	20MnCr5	1.7147	20MC5	20MnCr5	—	—	—	5120	G51200
20CrMnMo	—	—	—	—	—	—	—	4119	—
40CrMnMo	42CrMo4	1.7225	—	42CrMo4	SCM440	—	708A42	4142	G41420
30CrMnTi	30MnCrTi4	1.8401	—	—	—	—	—	—	—
40CrNi	40NiCr6	1.5711	—	—	SNC236	—	640M40	3140	G31400
12CrNi2	14NiCr10	1.5732	14NC11	—	SNC415	—	—	3415	—

（续）

中国 GB	德国		法国 NF	国际标准 ISO	日本 JIS	瑞典 SS	英国 BS	美国	
	DIN	W-Nr.						ASTM/AISI	UNS
12CrNi3	14NiCr14	1.5752	14NC12	15NiCr13	SNC815	—	665A12 665M13	3310	G33100
20CrNi3	—	—	20NC11	—	—	—	—	—	—
30CrNi3	31NiCr14	1.5755	30NC11	—	SNC631	—	653M31	3435	—
12Cr2Ni4	14NiCr18	1.5860	12NC15	—	—	—	659M15	2515	—
20Cr2Ni4	14NiCr14	1.5752	18NC13	—	—	—	665M13	3316	—
20CrNiMo	21NiCrMo2	1.6523	20NCD2	20NiCrMo2	SNCM220	2506	805M20	8620	G86200

附录 D　常用词汇英汉对照

奥氏体	austenite
白铜	cupronickel
白口铸铁	white cast iron
表面热处理	surface heat treatment
不锈钢	stainless steel
布氏硬度	Brinell hardness
冲击韧性	impact toughness
冲击试验	impact test
淬火	quench hardening transformation hardening
淬透性	hardenability
单晶体	single crystal
低合金钢	low-alloy steel
低碳钢	low-carbon steel
（电）焊条	welding electrode，welding rod
电弧焊	(electric) arc welding
断面收缩率	percentage reduction of area
锻造	forging
多晶体	polycrystal
高速工具钢	high-speed tool steel
高碳钢	high-carbon steel
各向同性	isotropy
各向异性	anisotropy
工具钢	tool steel
工业纯铁	ingot iron
共晶	eutectic
共析	eutectoid

共析钢	eutectoid steel
固溶体	solid solution
过共晶	hypereutectic
过共析	hypereutectoid
过冷	supercooling
焊接	welding，soldering
合金	alloy
合金钢	alloy steel
合金量具钢	alloy measuring steel
合金模具钢	alloy mould steel
黑色金属	ferrous metal
化学热处理	thermo-chemical treatment
黄铜	brass
灰铸铁	grey cast iron
回火	tempering
回火脆性	temper embrittlement
力学性能	mechanical properties
加工性能	workability，processing properties
间隙固溶体	interstitial solid solution
结构钢	structural steel
结晶	crystal
金属材料	metallic materials
金属化合物	metallic compound
金属疲劳	metal fatigue
晶胞	unit cell
晶格	(crystal) lattice
晶界	grain boundary
晶粒	crystalline grain，grain
晶体	crystalloid，crystal
晶体结构	crystal structure
晶体缺陷	crystal defect
可锻铸铁	malleable cast iron
莱氏体	ledeburite
铝合金	aluminium alloy
洛氏硬度	Rockwell hardness
马氏体	martensite
密排六方晶格	hexagonal close-packed lattice（hcp）
面心立方晶格	face-centered cubic lattice（fcc）
耐磨钢	abrasion-resistant steel

耐磨性	abrasion resistance，wear resistance
耐热钢	heat-resistant steel
疲劳强度	fatigue strength
强度	strength
青铜	bronze
球墨铸铁	spheroidal graphite cast iron
屈服强度	yield strength
热处理	heat treatment
韧性	toughness，tenacity
砂型铸造	sand casting
上贝氏体	upper bainite
断后伸长率	percentage elongation after fracture
渗氮	nitriding
渗碳	carburizing, carburization，cementation
渗碳钢	carburizing steel
渗碳体	cementite
时效强化	ageing strengthening
水冷	water cooling
塑性	plasticity
碳	carbon
碳氮共渗	carbonitriding
碳钢	carbon steel
弹簧钢	spring steel
体心立方晶格	body-centered cubic lattice（bcc)
调质	quenching and tempering
铁	iron
铁素体	ferrite
铜，纯铜	copper
退火	annealing
显微组织	microscopic structure
相	phase
相图	phase diagram
变形铝合金	wrought aluminum alloy
亚共晶	hypoeutectic
亚共析	hypoeutectoid
延伸率	percentage extension
硬度	hardness
有色金属	nonferrous metal
正火	normalizing

置换固溶体	substitutional solid solution
中碳钢	medium carbon steel
轴承钢	bearing steel
轴承合金	bearing alloy
珠光体	pearlite
铸钢	cast steel
铸造铝合金	cast aluminum alloy

参 考 文 献

[1] 张文灼，赵宇辉. 机械工程材料与热处理 ［M］. 2 版. 北京：机械工业出版社，2016.

[2] 王纪安，陈文娟. 机械工程材料应用 ［M］. 北京：机械工业出版社，2011.

[3] 吕烨，许德珠. 机械工程材料 ［M］. 5 版. 北京：高等教育出版社，2021.

[4] 高美兰，白树全. 工程材料与热加工基础 ［M］. 2 版. 北京：机械工业出版社，2020.

[5] 游文明. 工程材料与热加工 ［M］. 3 版. 北京：高等教育出版社，2021.

[6] 司乃钧，吕烨. 工程材料与热成形 ［M］. 4 版. 北京：高等教育出版社，2015.

[7] 贾宗太. 机械基础 ［M］. 北京：航空工业出版社，2015.

[8] 郁兆昌. 金属工艺学 ［M］. 2 版. 北京：高等教育出版社，2007.